내 생애 짜릿한
대박 상가
투자법

내 생애 짜릿한 대박 상가 투자법

길목(김세호) 지음

매일경제신문사

프롤로그

때는 대학교 1학년 세무 교양 수업시간이었다. 교수님은 우리 얼굴을 보며 말씀하셨다.

"여러분, 비싸고 좋은 집에 살고 싶습니까?"
"네~."
교수님의 말씀에 우리는 힘을 모아 말했다.
"여러분에게 10억 원이 있다면 이 돈으로 집을 사시겠습니까?"
"네네~."
"그러면 안 됩니다. 10억 원을 집에 깔고 있으면 돈이 돌지 않습니다. 부자가 되려면 작은 집에 살더라도 유동성 있는 방향으로 돈을 굴려야 합니다."

'아······.'

교수님의 이 한마디는 내게 강한 자극을 주었다. 우리 집은 어릴 적부터 가난했기에 좋은 집에 살고 싶은 소망이 있었다. 그래서 '돈을 벌면 비싼 집을 사야지' 하는 생각이 늘 가슴 한편에 있었는데, 교수님의 이 말씀은 그동안의 내 생각을 바꾸게 만들었다.

'어떻게 하면 돈을 유동성 있게 만들 수 있을까? 돈이 돈을 만들려면 어떻게 해야 할까?'

교수님의 말씀을 계기로 부동산 투자에 대해 깊은 고민을 하게 됐고, 매달 수익이 발생하는 시스템인 상가 투자가 매력적으로 다가왔다. 게다가 내가 직접 장사를 하면 초기 투자금이 적게 들면서 현금흐름도 확보되니까 1석 2조라는 생각에 실행에 옮겼다. 적은 돈으로 상가를 찾아 헤맨 지 몇 달, 2년 동안 미분양이던 상가를 반값도 안 되는 1억 원대의 가격으로 싸게 산 게 내 상가 투자의 시초였다.

여기에서 개인 편의점을 운영하며 가게를 일으키기 위해 많은 노력을 했다. 장바구니를 만들어 주민에게 돌리고 전단지도 뿌렸다. 할인행사도 하고 심지어 인형 탈을 쓰고 길거리에서 춤도 췄다. 지나가는 차들이 내 인형 탈을 보고 제발 편의점에 관심을 가져주길 바랐다. 먹고살아야 했기에 창피함도 없었다. 결과적으로 이 상가에 투자하면서 내 인생은 역전되었고, 이후로는 먹고살 걱정이 사라지게 되었다. 훗날 이 상가의 가치가 7배 넘게 상승했으니, 제대로 된 상가에 투자하는 것이 얼마나 매력적인 일인가를 이 상가는 여실히 보여준다.

기본을 다진 후에 투자해도 늦지 않다

사람들은 '돈을 벌고 싶다', '부동산 투자에 성공하고 싶다'라는 생각을 많이 한다. 그럼에도 어떻게 해야 부동산 투자에 성공할 수 있는지는 생각하지 않는 듯하다. 마치, 돈 되는 상가가 어느 날 '짠' 하고 내 앞에 나타나주길 바라는 꿈만 꾸고 있는 듯하다. 하지만 이래서는 좋은 상가를 만나기 어렵다. 좋은 상가를 고르기 위해 공부를 해야 하고, 임장을 통해 현장도 파악해야 한다. '누가 그러는데 여기가 좋다더라'가 아닌, 자신이 철저히 분석하고 고민해서 입지 및 상권을 파악해야 한다. 그렇지 않으면 분양사원의 감언이설에 넘어가 수억 원에 달하는 상가를 떡하니 사놓고도 애물단지로 전락하는 경우가 비일비재하다.

10여 년 넘게 상가 투자를 전문으로 해온 사람으로서 자신 있게 말하는데, 돈 되는 상가는 많다. 또한 돈이 안 되는 상가도 분명히 많다. 따라서 섣부르게 투자하기보다는 상가 투자의 기본이 다져진 후에 투자해도 늦지 않다. 이 책을 통해 돈이 되는 상가에 투자하는 노하우를 많이 얻어 부디 독자 모두가 부자가 되길 희망한다.

여러분의 상가 투자 성공을 응원하며
길목(김세호)

프롤로그 – 4

Part 1
위험천만한 신도시 분양상가의 실태

신도시 분양상가, 조심 또 조심하라 – 14
Plus tip – 17
수익률 비교, 구분상가 vs 통상가 – 19
GTX 노선에 따른 상가 투자 전략 – 23
Plus tip – 24
돈 되는 구분상가 고르는 필수 체크리스트 – 27
적정한 상가 매매가 계산법 – 31
너무나 공급과잉인 현 분양상가의 실태 – 35

Part 2
속지 않고 상가 구입하는 방법

상가 구입 시 속지 않는 방법 – 40
보여주는 매출을 맹신하지 말라 – 43
Plus tip – 45
분양상가는 선 임대를 조심하라 – 47
수익률을 보장해준다는 달콤한 속삭임을 조심하라 – 51
시세 차익을 붙여준다는 '전매'를 조심하라 – 54
고분양가를 보여주는 분양상가의 현실 – 56
Plus tip – 59
현재 임차인이 진짜인지 알아보는 방법 – 61

Part 3
혼자서도 돈 되는 상가 찾는 방법

돈 되는 상가를 찾기 위한 임장 체크리스트 - 68
Plus tip - 72
영업 신고, 허가, 등록 차이에 따른 업종 변화 - 73
Plus tip - 76
미납관리비를 파악하라 - 78
임차인과 재계약을 위해 주변 공실을 파악하라 - 81
권리금의 중요성을 확인하라 - 83
Plus tip - 86
합의된 권리금의 증거를 남겨라 - 87
높은 수익률을 위한 업종별 전략 - 90
편의점 입점, 반드시 담배권을 획득하라 - 94
상황별 담배권 희노애락 - 98

Part 4
성공한 상가 투자의 특급 전략

인적 없는 곳에서 성공한 영업점의 비법 -106
과거를 묻지 말자! 건물의 변신은 무죄 - 110
Plus tip - 115
장사 안 되는 C급 상가를 A급 가치로 바꾸다 - 116
매도 타이밍을 잘 잡아 수익을 낸 단지 내 상가 - 123
커피와 양말을 동시에 팔아 수익을 낸 상가 - 128
관광아이템 덕분에 시세가 오른 상가 - 131
송전탑 철거로 시세 차익을 얻다 - 136
상가 전면이 벽으로 막힌 죽음의 상가에서 탈출하다 - 140
편의점 입점을 목표로 지어 시세가 크게 오른 건물 - 148
마트 자리에 편의점을 넣고 두 배 오른 월세 - 153
입지 좋은 1층 상가를 평당 1,300만 원대에 구입하다 - 155
Plus tip - 158
오랫동안 공실이던 상가에 GS 슈퍼마켓을 입점시키다 - 160
Plus tip - 165

Part 5
한 번의 투자 실수로 인생이 흔들린 사례

10년 장사해서 번 수익을 상가 투자로 한 방에 날리다 – 168
분양받은 상가에 출입문이 없다?! – 174
연 8%의 수익을 보장해준다는 말에 속아 10억 원을 날리다 – 178
의사가 배우?! 상가 분양 사기 사건 – 184
Plus tip – 189
위치 좋은 영화관 내 상가, 장사가 안 되는 이유는? – 190
소문만 듣고 투자해서 낭패 본 사례 – 194
소액으로 현혹하는 테마상가 투자를 조심하라 – 197
유행 따라 번지는 'ㅇ리단길' 투자를 조심하라 – 202
유명 강사라도 무조건 믿지 마라 – 205
대학교가 이전해왔는데도 상권이 신통치 않은 이유 – 209
새 길이 뚫리면 운전자는 웃고, 상인은 운다 – 212
보행환경 개선이 오히려 상권을 약화시키다 – 215
반짝 특수를 맹신하면 상가 투자는 실패다 – 217

Part 6
돈 버는 상권 분석 및 입지 선정

상권과 입지의 개념 – 224
돈 버는 상권 분석은 이렇게 하라 – 227
접근성과 가시성을 따져라 – 230
최상의 입지 조건 찾는 법 – 234
상권별 유리한 업종을 공략하라 – 239
흐르는 자리는 피하라 – 242
Plus tip – 244
아파트 단지 내 상가 투자 방법 – 245
금쪽같은 주상복합상가 찾는 법 – 248
Plus tip – 253

Part 7
나만 알고 싶은 상가 투자 비법

투자 시 조심해야 할 13가지 상가 유형 – 258
plus tip – 267
방위에 따른 상가 선택 – 268
메인도로가 좋을까? 이면도로가 좋을까? – 270
업종제한, 약일지 독일지 확인하라 – 272
plus tip – 276
1층은 상가 투자의 꽃 – 277
쾌적함이 오히려 독이 될 수 있다 – 281
진짜 좋은 가격인지는 전용률을 따져봐야 안다 – 284
알짜 부동산은 내가 다니는 길에 있다 – 287
항상 준비된 자만이 좋은 급매물을 살 수 있다 – 289

에필로그 – 292

Part 1
위험천만한 신도시 분양상가의 실태

Learn more >

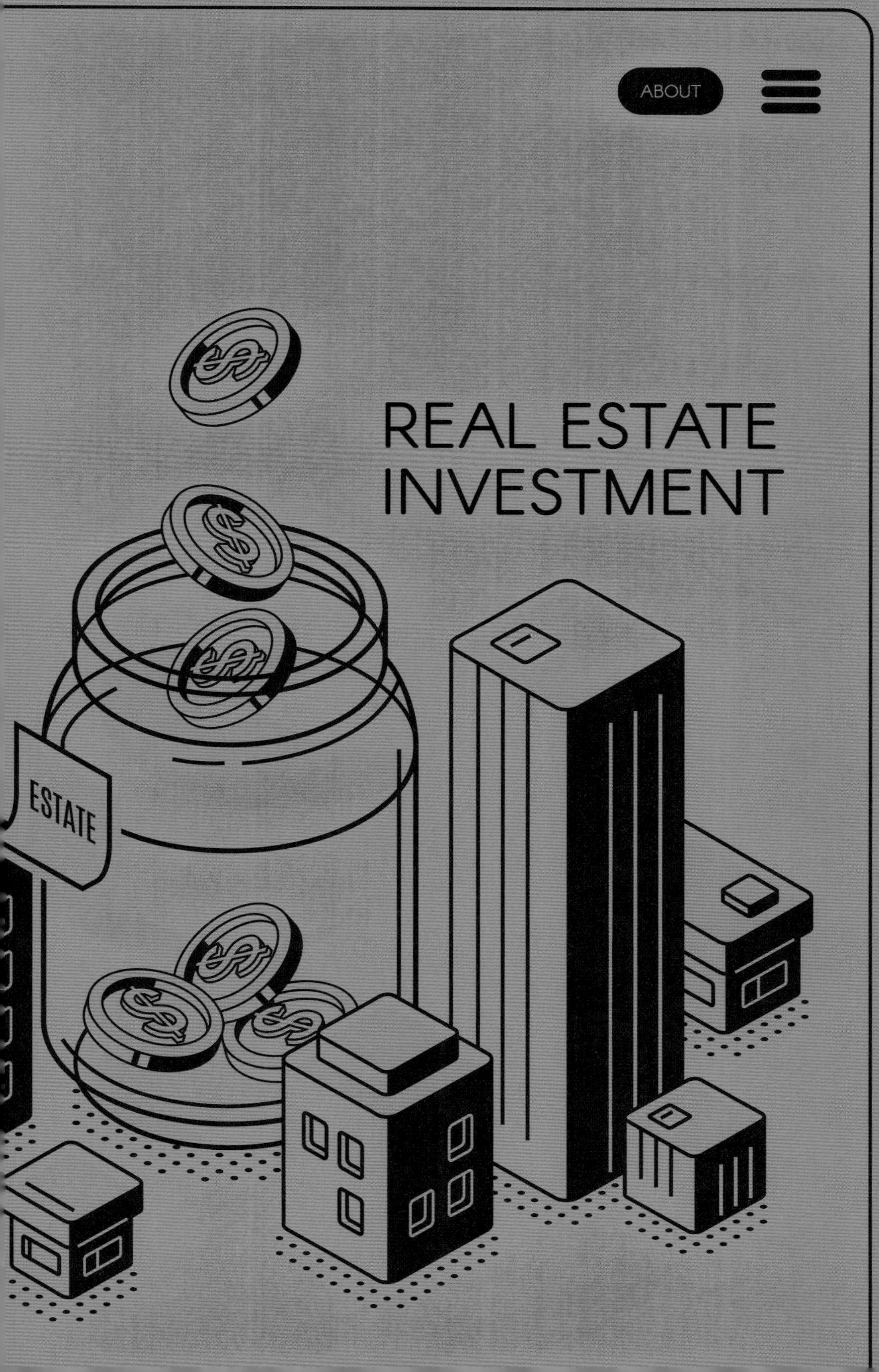
ABOUT
REAL ESTATE
INVESTMENT
ESTATE

신도시 분양상가, 조심 또 조심하라

내가 늘 강조하는 첫 마디가 '신도시 분양상가를 조심하라'이다. 전국에 있는 신도시들을 많이 둘러보았는데, 전반적으로 상가 공급이 너무 많고 공실률이 매우 높다. LH가 많은 부채를 갚으려면 상가 부지를 경쟁 입찰로 비싸게 팔아야 하니 어쩔 수 없는 상황이다. 상가 부지를 비싸게 낙찰받은 사람은 막대한 마진을 붙여서 비싼 값에 팔게 되므로 결국 피해자는 분양받은 사람이다. 옛날에는 금리도 높았고 유동성도 지금처럼 풍부하지 않았다. 그래서 옛날에는 비교적 싸게 분양받은 사람이 높은 수익으로 재미를 본 시절도 있었다. 하지만 최근 몇 년간은 상황이 다르다. 특히 신도시 분양상가의 최후는 매우 심각한 경우가 많다.

대다수 건물이 공실인 신도시 분양상가

신도시 상가는 분양 후 7~10년 정도 지난 후 투자를 생각해도 늦지 않다. 신도시는 상권이 형성되는 데 그만큼 시간이 오래 걸린다. 신도시의 특성상 빈 땅에 지속적으로 상가 공급이 이어지니 물량이 넘쳐나서 임대료가 원하는 수익률에 턱없이 못 미치는 경우가 많다. 이는 당연히 매매가의 하락을 불러오는 악순환으로 이어지므로 신도시의 상가를 분양받았다가 화병에 걸린 사람도 많다.

"아파트 세대수가 이렇게 많은데 왜 공실인 상가가 많나요?"라고 질문하는 분들이 있다. 공실인 상가가 많은 이유는 공급이 많기 때문이다. 상가 투자를 할 때 아파트 세대수만 보고, 공급되는 상가 물량을 보지 못하는 실수를 범하는 사람이 많다. 아파트 세대수가 많고 상가 수가 적다면 다행이지만, 아무리 아파트 세대수가 많더라도 상가 수가 많으면 공실이 넘쳐날 수밖에 없다. 공실임에도 평당 3,000만 원(공급면적)이 넘는 가격에 분양받은 상가라 월세를 낮추지도 못하니, 이러지도 저러지도 못하는 실정이다. 그러다 급기야 대출이자가 연체되면서 경매로 등장하는 분양상가도 많은 게 현실이다. 그나마 소득이 있는 사람은 어떻게든 대출이자를 갚으며 버티겠지만, 소득이 없는 사람은 연체로 인해 신용불량자로 등재되면서 이중고에 빠지는 것이다. 이때, 경매 감정가는 높더라도(인근 비교사례가 없는 경우 분양가를 적용해 높게 감정되는 경우가 많다) 현 시세를 반영하는 낙찰가는 당연히 낮을 수밖에 없어서 분양주로서는 손해가 이만저만이 아니다.

초보자가 상가를 완벽히 파악하고 분양받는 경우는 드물다. 일반적으로 "사장님, 완벽한 입지의 이 상가를 분양받으시면 노후 걱정이 없습니다"라는 분양사원의 달콤한 말 한마디에 수억 원이 넘는 상가를 떡하니 분양받는 것이 현실이다. 사실, 분양사원에게 완벽하지 않은 입지는 어디에도 없다. 팔기 위해 수단과 방법을 가리지 않기 때문이다. 따라서 신도시 분양상가 투자는 신중해야 한다. 아파트 세대수 대비 상가 비율이 얼마인지, 신도시가 완성되기까지 얼마나 걸리는지, 추가 공급되는 상업지가 있는지 등을 면밀히 살펴야 한다.

또한 상가는 선 시공, 후 분양이 일반화되지 않아 상가가 완공되지 않은 상태인 미준공 상태로 분양받는다. 아파트는 모델하우스를 통해 공간에 대한 판단 요소를 제공하지만, 상가는 대부분 투시도나 평면도에 의존해 가치를 판단할 수밖에 없다. 따라서 도면에 대한 이해가 부족하면 낭패를 겪기 쉽다.

<Plus tip>
도면 검토 시 놓치지 말아야 할 4계명

1. 점포 전면부의 길이를 확인해야 한다. 가시성을 염두에 두었을 때, 이 길이가 최소 3.8m는 돼야 간판 설치가 용이하고, 상가의 활용성이 높아진다.

2. 상가가 건물 밖에 노출되는 경우 전면을 가리는 화단 등의 요소를 파악한다. 실제 모 상가는 출입문을 제외한 나머지 공간에 화단을 조성했는데, 이곳 1층의 편의점이 화단에 가려 매출에 악영향을 받았다. 외부 조형물이 차지하는 공간 위치를 간과하면 이처럼 피해를 볼 수 있다는 점을 잘 기억하자.

3. 상가 내부설계에 있어 기둥 존재 여부를 확인해야 한다. 상가 도면 검토 당시에는 알지 못했던 기둥이 준공이 임박하면서 점포 중앙에 들어서버리는 경우도 있다. 원본 도면을 참고해 판단하는 지혜가 필요하다.

4. 에스컬레이터의 활용도가 높은 저층 상가의 경우 보통 에스컬레이터 오른쪽 회전반경의 상가가 인기가 더 높다는 점을 알아두자. 무의식적으로 우회전하는 사람이 많아서 오른쪽 상가의 매출이 높은 경우가 많기 때문이다.

수익률 비교,
구분상가 vs 통상가

 상가는 크게 구분상가(=집합상가, 분양상가)와 상가건물(=상가주택, 통상가)로 구분할 수 있다. 구분상가는 상가건물 전체가 아닌 호수별 상가, 즉 개별상가를 말한다. 구분상가는 상가건물에 비해 상대적으로 적은 돈으로 투자할 수 있고, 매물도 많아서 초보 투자자가 비교적 접근하기 쉬운 편이다. 통상가는 구분상가에 비해 큰돈이 필요한 경우가 많다.

구분상가의 모습

상가건물의 모습

상가 투자에 있어 금리는 매우 중요하다. 구분상가는 수익률이 보통 정기예금 금리보다 2~3% 높아야 상가 투자를 한다. 상가건물은 수익률도 중요하지만 그보다 토지의 가격이 더 중요하다. 그래서 구분상가에 비해 통상 수익률이 낮은 편이다. 정기예금 금리가 1.3%라고 가정하자. 투자자에 따라 다르겠지만 구분상가는 수익률 4%정도면 만족하고 투자할 수 있다. 서울(강남 등)은 안전하다고 생각하는 투자자들은 더 낮은 수익률에 투자하기도 한다. 예전에 금리가 높을 때는 수익률 7~8%는 돼야 상가를 매수했지만, 요즘은 저금리라 4%대만 돼도 구분상가를 매수하는 사람이 많다.

1. 구분상가

수익률을 보고 투자한다. 1층 구분상가의 수익률이 4.0~4.5%라면, 2층 구분상가의 수익률은 5% 이상이어야 한다. 5층에 위치한 구분상가라면 수익률이 6.5~7.0%는 돼야 한다. 1층은 접근성이 좋고, 외부에서 잘 보여 임차인을 구하기 쉽지만, 2층부터 위로 올라갈수록 접근성이 떨어지므로 임차인을 구하기가 쉽지 않아 1층보다 더 높은 수익률이 보장돼야 일시적 공실이 오더라도 손해를 덜 수 있다. 또한 2층 이상은 사겠다는 수요자가 적으므로 1층보다 수익률이 높아야 그나마 매도할 수 있다.

2. 상가건물

수익률보다는 토지가격의 상승 가능성을 보고 투자한다. 상가건물은 개발호재가 있는 지역(정비사업, 신규 택지개발, 지하철 개통 등)에 투자하면 토지가격이 많이 오르므로 수익을 남길 수 있다.

GTX 노선에 따른 상가 투자 전략

앞서 말한 대로 상가건물(통상가)은 개발호재 지역에 투자하면 좋지만, 그에 반해 구분상가는 개발호재가 있더라도 월세가 오르지 않으면 이득이 없다. 오히려 지하철이 개통되면서 더 큰 상권으로 흡수되는 '빨대효과'로 상권이 약화되면, 지하철 개통 후에 월세가 떨어져서 매도 시 손실이 일어날 수 있다.

> **<Plus tip>**
> ## 빨대효과(Straw effect)
>
> 컵에 담긴 음료를 빨대가 빨아들이듯, 다양한 교통수단의 개통으로 주변 중소도시에서 대도시로의 접근성이 용이해지면서 소비인구와 경제력이 대도시로 집중되는 현상을 말한다.
>
> 이 용어는 일본에 신칸센이 처음 도입될 무렵 생겨났다. 1960년대 도쿄와 오사카 등 대도시를 중심으로 인구 불균형 현상이 나타나자 일본 정부는 신칸센의 도입으로 대도시 인구가 주변으로 분산되어 불균형 현상이 완화되리라 기대했다. 하지만 오히려 신칸센을 이용해 지방의 인적·물적 자원이 모두 대도시로 빨려 들어가는 현상이 나타나면서 언론에서 이를 '빨대효과'라고 부르기 시작했고, 이것이 오늘날까지 학술적인 개념으로 고착되어 쓰이고 있다.

그렇다면 세간의 관심이 집중되는 수도권 광역급행철도(GTX) 노선에 따른 투자 전략은 어떨까? 예상컨대, 부동산의 종류에 따라 투자 희비가 갈릴 것이다.

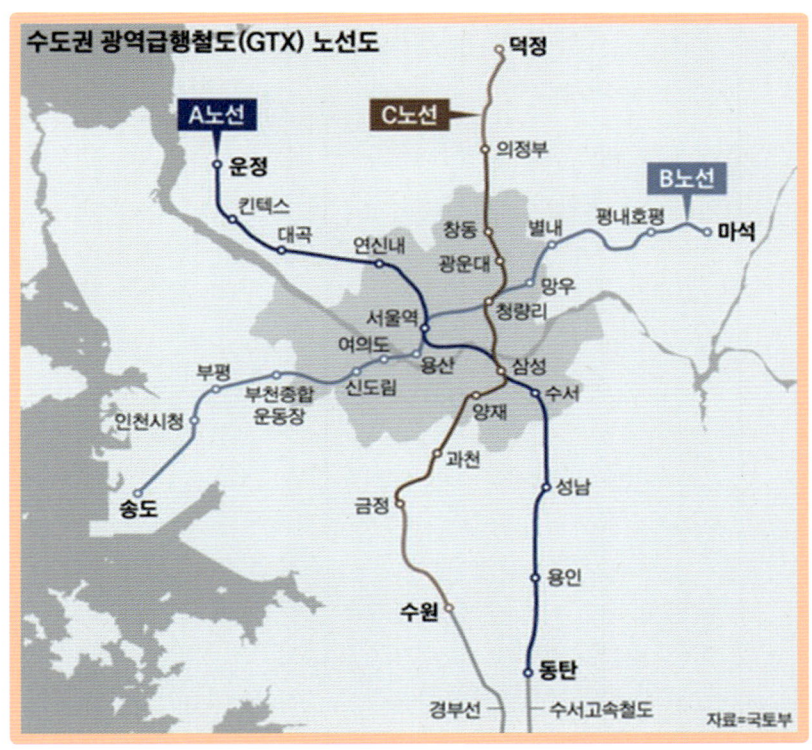

수도권 광역급행철도(GTX) 노선도　　　　　　　　　출처 : 국토교통부

　　수도권 외곽 지역은 교통 개선에 따라 서울로의 접근성이 좋아지면서 집값에 플러스 요소로 작용할 것이다. 교통이 편해지면서, 출퇴근 환경이 좋고, 서울에 비해 상대적으로 집값이 저렴한 곳으로 서울에서 내 집을 마련하기 어려운 수요층이 이동하니 집값이 상승하는 것이다. 하지만 상가는 다르다. 서울 접근성이라는 이점 때문에 오히려 소비층을 콘텐츠가 강한 상권으로 빨아들이는 빨대효과가 나타나

므로 주의해서 투자해야 한다. 결론적으로 GTX가 개통되면 땅을 깔고 있는 상품(통상가, 상가주택 등)과 아파트는 전반적으로 오를 것이다. 하지만 구분상가는 외곽일수록 위험하다. 반대로 서울은 소비층이 더욱 증가하므로 구분상가 투자에 유리하다.

돈 되는 구분상가 고르는 필수 체크리스트

　구분상가의 경우 임대관리가 비교적 수월하면서 상권이 안정화된 경우 꾸준한 임대수요를 기대할 수 있는 장점을 갖고 있다. 다만 경기불황이 심화되거나 상권이 취약하고 임차인의 영업력이 미진할 경우 임대료 연체 및 공실 장기화 등에 쉽게 노출된다. 또한 구분상가는 '집합건물의 소유 및 관리에 관한 법률'에 따라 상가 관리단이 설립되어 있어 업종제한 등의 규정이 있는 경우 구분상가 소유자가 단독으로 업종을 변경하기 힘들다.

구분상가 필수 체크리스트

1. 상권 형성 여부 및 상권 확장성 여부를 살펴볼 것

상권은 상가의 흥망성쇠를 결정짓는 열쇠이자 살아 움직이는 생물과도 같다. 특히 구분상가와 같은 집합상가의 경우 그 속성상 상권에 매우 민감할 수밖에 없으므로 현재 상권 형성이 잘되어 있는지와 함께 향후 상권 확장성 여부에 따라 투자 성패가 좌우됨을 명심해야 한다.

2. 주요 고객층을 파악할 것

상권이 중고교생의 입시학원가를 중심으로 형성되어 있다면 주고객층은 10대가 될 것이고, 취업 및 고시준비생의 학원가를 중심으로 형성되어 있다면 주 고객층은 20대가 될 것이다. 직장인들로 붐비는 오피스가를 중심으로 형성되어 있다면 주 고객층은 30~40대가 될 것이다. 생각해둔 업종이 이러한 주 고객층을 타깃으로 할 수 있는지 파악해야 한다.

3. 개별적 입지조건을 따져볼 것

동일한 상권 안에서도 상가의 위치에 따라 상권 범위가 달라질 수 있다. 따라서 동일한 상권 내에서도 코너상가, 대로변상가, 전면 노출상가, 지하철역 근접상가 등이 선호되는 경향이 있다.

4. 임대수요가 풍부한지 따져볼 것

상가에 투자하는 가장 큰 이유는 임대료를 얻기 위해서다. 따라서 임대료가 꾸준히 이어지는가가 투자의 핵심이다. 임차인이 나간 후 새 임차인이 들어오지 않는다면 공실로 연결되어 수익률 저하로 이어지므로 투자하기 전, 임대수요가 풍부한 곳인지 따져봐야 한다.

5. 적정 임대료를 알아볼 것

분양업자 또는 매도인이 제시한 현 임대료가 적정한지 분석하는 과정을 거쳐야 한다. 그렇지 않고 높은 임대료에 현혹돼 계약을 서두른다면 가짜 임차인으로 인해 낭패를 볼 수 있다. 상대방이 제시한 현 임대료를 맹신하지 말고 적정한지 여부를 필히 검토해야 한다. 주변 3~4곳 이상의 중개업소를 방문해 현재 임차인이 나간 후에도 같은 임대조건으로 새 임차인을 구할 수 있는지 알아보는 과정이 필요하다.

상가 입지 분석	접근성, 가시성 조사
상가 조건 분석	상가 구조와 규모 조사, 분양가·임대가·권리금 분석, 현 임대료의 지속 가능성 여부
상가 권리 분석	토지이용계획확인서, 지적공부(토지대장, 지적도 등), 등기사항전부증명서, 건축물대장
경쟁상가 분석	동일·유사업종 경쟁력 조사
사업타당성 분석	투자대비 수익률 분석
상가 계약	점포권리양도계약, 상가임대차계약

적정한 상가 매매가 계산법

1. 구분상가 매매가 계산(임대보증금 포함)

$$수익률 = \frac{월세 \times 12}{매매가 - 임대보증금} \times 100$$

보증금을 포함한 구분상가의 적정 매매가를 계산하는 방법은 먼저 수익률을 계산하는 방법에 기초한다. 이 수식을 돌려 계산해보면 다음과 같다.

$$매매가 = \frac{월세 \times 12 \times 100}{수익률} + 임대보증금$$

수익률이 5%의 상가라면 '매매가 = (월세 × 12 × 100) / 5 + 임대보증금'이므로 '매매가 = (월세 × 240) + 임대보증금'이라는 결론에 도달하게 된다. 즉, 상가의 월세와 임대보증금만 알면 바로 수익률 및 매매가를 계산할 수 있다.

그렇다면 임대보증금이 2,000만 원에 월세 100만 원인 상가의 적정 매매가는 얼마일까? 수익률을 5%로 잡으면 매매가는 (100만 원 × 240) + 2,000만 원 = 2억 6,000만 원이다.

2. 구분상가 매매가 계산(임대보증금 미포함)

$$매매가 = \frac{월세 \times 12 \times 100}{수익률}$$

앞서 수식과 같은 방법이지만 이번에는 임대보증금을 포함하지 않고 매매가를 계산하는 방법이다. 이는 수익률에 따라 매매가가 달라지는데, 월세 100만 원을 예로 들어 수익률에 따라 매매가가 어떻게 달라지는지 알아보자. 만약, 수익률이 3%라면 매매가 = (100만 원 × 12 × 100) / 3 = 4억 원이 된다. 즉 100만 원(월세) × 400이 되는 것이다. 같은 원리로 수익률이 3.5%라면 '100만 원(월세) × 342'가 되므로 상가매매가는 약 3억 4,200만 원이 된다.

> **월세가 100만 원일 때, 수익률에 따른 상가 매매가 변화**
>
> - 3.0% 수익률 = 월세 × 400 = 4억 원
> - 3.5% 수익률 = 월세 × 342 = 약 3억 4,200만 원
> - 4.0% 수익률 = 월세 × 300 = 3억 원
> - 4.5% 수익률 = 월세 × 266 = 약 2억 6,600만 원
> - 5.0% 수익률 = 월세 × 240 = 2억 4,000만 원
> - 5.5% 수익률 = 월세 × 218 = 약 2억 1,800만 원
> - 6.0% 수익률 = 월세 × 200 = 2억 원
> - 6.5% 수익률 = 월세 × 184 = 약 1억 8,400만 원
> - 7.0% 수익률 = 월세 × 171 = 약 1억 7,100만 원

3. 상가건물(통상가) 매매가 계산

상가건물의 매매가는 '토지가격 + 건물가격'이다. 여기서 토지가격은 '주변 토지시세 × 해당 토지면적'이며, 건물가격은 '표준건축단가(㎡당) × 건물연면적'이다.

여기서 건물은 오래될수록 감가상각을 하게 되는데, 단독주택은 연간 4%씩 균등상각을 하는 경우가 일반적이라 지은 지 25년이면 건물의 잔존가치가 남지 않는 경우가 많다. 철근콘크리트 상가, 건물, 모텔, 빌딩은 연간 2.5% 균등상각을 하는 경우가 많아 지은 지 40년

이 지나면 건물의 잔존가치가 남지 않는다. 조립식 공장, 창고는 연간 10% 균등상각을 하므로 지은 지 10년이 지나면 전액 상각되는 경우가 많다. 물론 이는 일반적인 상각 기준으로, 건축자재 및 특수상황에 따라 일부 차이는 있을 수 있다.

너무나 공급과잉인 현 분양상가의 실태

　간단한 원리로 사겠다는 사람이 열 명인데, 팔겠다는 사람이 스무 명이면 잘 팔리지 않는다. 잘 팔리지 않으니 가격이 하락하는 것은 당연지사다. 반대로 사겠다는 사람이 열 명인데, 팔겠다는 사람이 두 명이면 가격이 오른다. 따라서 내가 보유하고 있는 부동산의 가격이 오르려면 사겠다는 사람이 많아야지 팔겠다는 사람이 많으면 안 된다.

　통상적으로 아파트상가는 1,000세대를 기준으로 15~20개 정도가 적정하다고 본다. 세대수가 같은 아파트상가를 매수하려면 당연히 1층 상가의 개수가 적을수록 좋다. 다만, 세대수에 비해 상가 개수가 적더라도 근처에 상가 부지가 있는지 살펴보는 것은 필수다. 빈 땅에는 언제든 새로운 상가가 건축될 수 있기 때문이다. 상가를 구입하기 전, 현재 건축된 상가의 개수 및 앞으로 건축될 상가의 개수를 파악해야 한다. 최근 들어 전국적으로 세대수에 비해 건축되는 상가 수가 많다. 이렇게 과잉으로 상가가 지어지면 장사하기 매우 힘들 것으로 예상된다.

전국적으로 과잉 공급된 상가 단지 예시

- 서울 H시티 : 아파트 9,510세대, 상가 617개
- 광교 S주상복합 : 아파트 2,231세대, 오피스텔 230세대, 상가 613개
- 부천 신중동역 P시티 : 오피스텔 1,052세대, 오피스 285세대, 상가 243개
- 하남 미사역 P : 아파트 925세대, 상가 314개
- 화성 동탄역 인근 L : 아파트 617세대, 상가 200개 이상
- 화성 동탄2 B 4차 : 아파트 740세대, 오피스텔 154세대, 상가 415개(바로 위쪽 상권도 상가 400개 이상)
- 평택 소사벌 C : 상가 400개(아래쪽에 '스타필드 안성' 들어오면 빨대효과로 상가 공실 우려됨)
- 양산 증산역 부근 : 아파트 20,000세대, 상가 5,000개
- 김포 구래동 B 4차 : 아파트 461세대, 상가 220개
- 대구 수성범어 W : 아파트 1,340세대, 오피스텔 528세대, 상가 103개

- 대구 청라언덕역 S : 아파트 302세대, 오피스텔 27세대, 상가 27개
- 부산 부전역 S : 아파트 1,272세대, 오피스텔 120세대, 상가 188개
- 부산 용호동 W : 아파트 1,488세대, 상가 약 300개
- 부산 명지 E : 아파트 377세대, 상가 300개
- 부산 명지 S : 아파트 431세대, 오피스텔 432세대, 상가 176개

더불어 아파트상가 개수가 많지 않더라도 주변 상업지역과 가까운 아파트상가는 장사가 잘 되지 않는 경우가 많다. 주민들이 주변 상업지로 빠져나가기 때문이다. 물론 상업지로 이동할 때 아파트상가를 지나가는 코스라면 일부 수혜를 누리는 곳도 있다. 주변 상업지와 가까워 피해를 입는 단지 내 상가의 실제 사례를 보면, 서울 송파구 J종합상가는 재건축을 해도 롯데로 수요가 다 빠져나가서 실익이 적다. 대구 수성알파시티 D의 아파트상가는 롯데가 들어오면 다 빠져나가는 상권이며, 창원 I의 아파트상가는 재건축해도 상남 상업지역으로 상권이 다 빠져나가 실익이 적다. 진해남문지구 S2차 상가는 인근 상업지와 너무 가까워 상가 투자자들에게 좋지 않다. 진주혁신 L의 4단지 상가도 아래쪽 업무지역과 가까워 피해가 예상된다.

Part 2
속지 않고 상가 구입하는 방법

Learn more >

ABOUT

REAL ESTATE INVESTMENT

상가 구입 시
속지 않는 방법

　상가를 사려고 여러 중개업소를 방문하다 덜컥 계약하는 경우가 더러 있다. 그 후 내게 전화를 걸어 "길목님, 제가 상가를 하나 샀는데, 잘 샀는지 봐주세요."라고 연락하는 경우가 심심치 않게 있다. 사기 전이 아닌 사고 난 후 전화하는 것이다. 계약은 마음대로 했지만 내심 불안한 마음에 본인의 선택에 대한 확인을 받기 위해(물론 내가 힘을 실어주길 바라겠지만) 내게 전화를 하는 것이다. 좋은 상가를 샀다면 축하할 일이지만 좋지 않은 상가를 산 경우라면 이미 엎질러진 물 아닌가. 계약을 마치고 계약금까지 지급한 마당에 말이다. 따라서 우리는 계약하기 전에 꼼꼼히 살펴야 한다. 과연 내가 생각하는 상가가 맞는지, 감언이설과 분위기에 휩쓸려 계약하는 것은 아닌지 말이다. 이

대목에서 일부 중개사들이 사용하는 빠른 계약 유도 방법을 알아보자(모든 중개사들이 그렇다는 이야기는 아니니 오해하지 말자).

1. 상가의 경쟁력에 대한 과장

이런 입지에 이런 조건으로 상가가 나오기 힘들다는 말로 꼬드긴다. 대박이 날 자리라는 것이다. 좋은 입지는 빨리 나가기 마련이어서 이런 감언이설을 들으면 빨리 계약해야 기회를 잡을 것 같다. 하지만 제대로 알아보지 못하고 덜컥 계약부터 하면 해당 점포의 가격이 적정한지 아닌지 알 수 없다.

2. 또 다른 예비 구매자의 등장

사람은 경쟁자가 등장할 때 마음이 더 급해지는 경향이 있다. 해당 상가에 관심을 갖는 또 다른 사람이 있다면 마음이 급해지기 마련이다. 중개사는 이런 점을 잘 이용해 경쟁자를 등장시킨다. 하지만 내가 상가를 봤다는 것은 아직 팔리지 않았다는 뜻이므로 경쟁자를 너무 의식하지 말자.

3. 마음대로 해라

처음에는 계약을 유도하기 위해 각종 감언이설을 쏟아내다가도 어느 순간이 되면 '마음대로 해라'는 식으로 나오는 경우가 많다. 당신이 아니어도 계약할 사람은 많다는 식이다. 밀당을 하던 중에 중개사가 이렇게 나오면 심리적으로 쫓기게 된다. 하지만 이것은 중개사의 고단수이므로 심리전에 말리지 말고, 주변의 다른 중개업소에 들러 입지와 시세 등을 비교, 확인하기 바란다.

보여주는 매출을
맹신하지 말라

보통 점포의 경우 임대료에 권리금이 존재한다. 이 권리금에 절대적인 영향을 미치는 것이 점포의 매출이고, 이때 활용되는 것이 POS 시스템의 매출 내용이다.

문제는 여기서 발생한다. POS의 매출데이터를 그대로 믿는 분들이 의외로 많다. 특히 처음 가게를 운영하는 분들이 아닌, 웬만큼 POS 시스템을 볼 줄 아는 분들이 사기를 당해 더욱 상처 받는다.

점포에 설치된 POS의 모습

POS의 매출데이터는 신용카드, 현금영수증 그리고 일반현금의 세 종류 매출로 구분된다. 점포에서 매출을 가상으로 올리는 가장 쉬운 방법은 현금매출 띄우기다. 다만 정산 시 문제가 발생할 수 있으므로 일정시간 또는 마감시간에 현금매출을 띄우는 경우가 많다. 따라서 기존업체의 매출데이터를 분석할 때 같은 시각 또는 마감시간 즈음에 동일메뉴와 현금매출이 지속적으로 올라가 있을 경우에는 일단 의심을 하고 필수로 검증해야 한다.

매출을 가상으로 올리는 또 다른 방법은 카드매출을 올렸다 취소하는 것이다. '어차피 취소된 매출인데 뭐가 그리 대수냐'라고 생각하는 분들도 있을 테지만, 가시적 효과를 무시할 수 없다. 보통 POS 매출데이터의 내용은 카드매출, 현금영수증 매출, 현금매출, 카드 취소, 현금영수증 취소, 일반 취소 등의 순서로 나온다. 취소 처리를 했더라도 처음에 카드매출이 먼저 눈에 들어오게 되므로 순간적인 매출분석 오류를 일으킬 수 있다.

이와 같은 POS의 매출데이터 조작에 속지 않으려면 꼼꼼한 점포 파악이 필수다. 최소 일주일 이상 지켜보면서 하루 종일 해당 점포에 드나드는 손님의 숫자, 테이블당 평균단가를 확인해야 한다. 특히 특정 시간에 매출이 집중되어 있는 경우, 해당 시간대에 반드시 점포를 살펴 손님의 유무를 확인해야 한다. 또한 POS 조작은 단기간이 아닌 1년 이상에 걸쳐 치밀하게 조작되는 경우도 많으므로 단순히 지난달 또는 3개월 전부터의 매출을 보고 판단하는 우를 범하지 말아야 한다.

<Plus tip>
'권리금의 덫'에 걸리지 말자

음식 맛이 좋고 가격도 저렴하다고 입소문이 난 음식점이 있다. 여기서 식사를 하려면 적어도 30분은 줄 서서 기다려야 할 정도로 대기 인원이 많다. 이 음식점이 매물로 나왔다면 어떨까? 당연히 높은 권리금이 형성될 것이다. 그렇다면 높은 권리금을 주고 점포를 인수하면 여전히 장사가 잘될까? 물론 같은 맛과 가격을 유지한다면 장사가 잘될 수도 있다. 그러나 문제는 수익이 남느냐는 것이다.

해당 음식점은 수익보다는 권리금 장사를 할 목적으로 낮은 음식 가격을 유지함으로써 많은 손님을 유치했다. 영업 후 1년까지는 간이과세자 혜택을 받을 수 있으니 세금도 적게 내면서 말이다. 손님은 넘쳐났지만 마진이 턱없이 낮은 까닭에 남는 수익은 거의 없었다. 하지만 이를 모르고 많은 손님과 높은 매출에 현혹돼 큰 권리금을 주고 인수한 임차인은 실제로 장사를 하면서 점점 수익이 나지 않는다는 맹점을 깨닫게 된다. 수익을 위해서는 음식 가격을 올려야 하는데 그러자니 손님이 줄어든다. 이는 매출감소로 이어지므로 훗날 점포를 내놓을 때 받을 권리금에 악영향을 끼친다. 결국 이러지도 저러지도 못하는 '권리금의 덫'에 걸린 것이다. 따라서 이런 실수를 하지 않으려면 손님 수와 매출만 보지 말고 해당 단가가 적정한지, 순수익은 어느 정도인지, 권리금을 주고 난 후 손익분기점은 언제부터인지 꼼꼼히 파악해야 한다.

분양상가는
선 임대를 조심하라

***

〈사례〉

　은퇴를 앞둔 직장인 김순호(가명) 씨는 노후 대비로 수익형 부동산을 알아보던 중 보증금 5,000만 원/월세 500만 원의 임대가 맞춰져 있는 분양가 10억 원의 신도시 상가를 추천받았다. 상권이 형성되기까지 길게는 수년이 소요되는 신도시 상권의 특성을 익히 알고 있었지만, 이미 임차인이 맞춰져 있어 공실 없이 6.3%의 임대수익을 얻을 수 있다는 생각에 상가를 분양받았다.
　상가가 완공된 이후 계약대로 월세가 잘 들어와 안심하고 있던 김순호

> 씨, 하지만 어찌된 영문인지 석 달째부터 월세가 입금되지 않고 있었다. 임차인에게 전화를 해봐도 연결이 되지 않아 상가에 직접 찾아갔다. 음식점을 한다던 상가는 여전히 '내부수리 중'이라는 안내문구만 있을 뿐 인테리어 공사도 이뤄지지 않고 있었다. 3개월 이상 임대료 연체 시 계약을 해지할 수 있지만 현재 형성된 상가 임대료는 보증금 3,000만 원/월세 100만 원 수준이었다. 결국 계약해지를 하지 않은 채 시간을 보내다 보증금을 다 까먹은 후에야 임대차계약 해지를 통보하고 계약을 정리했다. 이후 현 시세대로 보증금 3,000만 원/월세 100만 원의 임차인과 새 계약을 함으로써 수익률이 1.2%로 떨어졌다.
>
> ✲✲✲

선 임대란 분양계약을 하기 전 임대차계약을 체결하고 세입자를 확보해놓은 것으로 공실 기간 없이 바로 세입자에게 월세를 받을 수 있어 인기가 높다. 문제는 이를 악용하는 분양업자가 있다는 점이다. 상가의 분양가는 수익률에 의해 좌지우지되는 경우가 많다. 예를 들어 해당 상가의 임대료가 보증금 3,000만 원/월세 100만 원이고, 사람들에게 6.3%의 수익률을 맞춰준다면 분양가는 2억 2,000만 원이 예상된다. 그런데 임대료 보증금을 5,000만 원/월세 500만 원으로 올리면 6.3%의 수익률을 기준으로 했을 때 분양가가 10억 원으로 수직상승할 수 있다. 즉, 간단히 임대료만 올린다면 수억 원씩 높여 분양할 수 있으니, 이보다 쉬운 돈벌이가 어디 있겠는가! 그래서 분양업자가 미리 고용한 임차인과 짜고 임대료를 적정 수준보다 높게 책정하는 것이다. 분양업자는 임차보증금 5,000만 원이 들었지만 수억 원의 분양차익을 얻었으니 앉아서 돈을 버는 방식이다.

상가를 팔 욕심에 영업사원이 임대차계약서를 거짓으로 작성하는 경우 또한 있다. 영업사원이 아는 사람을 시켜 약간의 계약금을 걸고 임대차계약을 하게 한 후, 선 임대를 거론하며 투자자를 안심시키는 것이다. 그런데 정작 입주하는 날이 되면 임대차계약을 했던 사람은 계약금을 포기하고 임대차계약을 해지한다. 임차인에게 받을 보증금과 월세에 대한 기대감으로 가득 차 있던 상가 주인은 그 순간 하늘이 노래진다. 이런 일이 일어날 수 있는 건 영업사원이 상가를 팔았을 때 받는 수당이 가짜 임대차계약을 할 때 거는 계약금보다 많기 때문이다. 예를 들어 상가 한 채를 팔았을 때 영업사원이 받는 수당이 2,000만 원이고, 가짜 임대차계약이 보증금 5,000만 원/월세 500만 원이라면 우선 계약금 500만 원을 걸고 잔금은 입주하는 날 치르는 방식이다. 그 사이 상가분양이 완료되었으니 수당 2,000만 원을 받으면 계약금 500만 원을 날려도 영업사원에게는 1,500만 원이 이득이다.

그러므로 선 임대 조건이 붙은 상가를 분양받을 때는 임대차계약의 진위를 꼭 확인해봐야 한다. 예를 들어 영업사원이 아닌 상가를 지은 시행사와 한 계약인지, 계약금이 영업사원 통장이 아니라 시행사

통장으로 입금되었는지, 계약금의 액수가 너무 적은 것은 아닌지 등을 반드시 알아볼 필요가 있다. 또한 가급적 임대차계약을 한 임차인을 직접 만나 실제로 장사할 생각이 있는지 알아보고, 만약 자격증을 필요로 하는 업종이라면 자격증이 있는지 등을 확인하는 것이 좋다.

수익률을 보장해준다는
달콤한 속삭임을 조심하라

　분양 조건 중 임대확약서를 통해 수익률을 보장해준다는 상가들이 종종 있다. 이는 분양계약을 할 때 시행사가 짧게는 1~3년, 길게는 5년 이상 연 몇 %의 임대수익률을 보장해주겠다는 약속이다. 이를 두고 임대차에 대한 고민해결과 함께 안정적 임대수익을 기대할 수 있는 솔깃할 기회라고 인식하는 투자자가 많다. 하지만 여기에는 세 가지 함정이 있다.

1. 약속의 실현성 여부

　약속된 내용이 잘 지켜진다면 그나마 다행이겠지만, 현실적으로 약속이 이행되지 않을 경우 어떤 후속조치가 가능한지 고민해야 한다. 분양회사가 임대확약서등을 통해 일정기간 임대보증금과 월세 수익을 보장하고도 이행하지 않는다면, 분양을 받은 자는 채무불이행을 이유로 분양계약을 해제하거나 임대보증금과 월세 수익 상당액의 손해배상을 청구할 수 있다. 그러나 문제는 소송을 통해 승소판결을 확보해도 분양회사나 개발사의 실체가 없어진 경우나 상대방의 자금이 영세한 경우 현실적으로 받아내기 힘든 경우도 있다는 것이다. 따라서 임대확약서가 발행되는 계약을 체결하는 경우에는 임대확약 주체가 현실적으로 이행능력이 있는가에 대한 검증이 중요하다. 또한 더욱 중요한 것은 투자를 하는 상가의 미래 임대가치에 대한 현실적 판단이 필요하다.

2. 이미 분양가에 반영된 경우

분양 조건에서 제시한 임대수익이 현실적인 운영의 결과물로 받게 될 금액인지, 아니면 분양가에 이미 제시된 수익률을 포함하고 있어 분양받은 후 내가 낸 분양대금의 일부를 돌려받게 되는 것인지 여부를 살펴봐야 한다. 조기에 상권 활성화가 이뤄지거나 상가 운영의 노하우가 풍부해 실현이익을 통해 제시 수익률을 보장해주는 것이라면 다행이지만, 단지 분양대금을 올려놓고 계약자가 납부한 금액 중 일부를 돌려주는 방식이라면 장기적 측면에서의 수익 안정성은 없다고 할 수 있다. 따라서 투자자에게는 임대확약서를 통해 제시받은 임대료 수익이 상가의 운영이익으로 충당될 만한 입지의 상가인지를 분별할 수 있는 안목이 필요하다.

3. 기간 만료 후 이익실현 여부

임대확약서의 주체가 명확하고 지불능력이 있다고 판단되는 경우 투자자의 입장에서는 자칫 영구적으로 안정성이 확보된 것으로 이해할 수도 있지만, 임대확약서의 경우 그 기간이 대부분 짧게는 1~3년, 길게는 5년이다. 즉, 임대확약서가 있더라도 상가 자체의 경쟁력이 담보되지 않는 이상 계약기간 만료 후의 이익실현 여부는 불투명하다. 결국 제도적으로 확보하는 수익 장치가 상가 투자의 안정성을 모두 확보해주는 것은 아니라는 점을 유념해야 한다. 따라서 모든 상가 투자에는 자신의 책임과 판단에 따라 제시되는 수익률 외에도 현실적 가치와 미래가치에 대한 안목으로 투자한다는 자세가 필요하다. 자신이 보장받는 임대수입이 주변 상가들의 임대수입과 비슷하고, 상권이 안정되어 있어 임대확약기간이 끝난 후에도 꾸준한 임대수입을 얻을 수 있는 경우에만 상가를 분양받는 것이 좋다.

시세 차익을 붙여준다는 '전매'를 조심하라

일부 악덕 영업사원의 경우 상가를 쉽게 팔기 위해서 계약금만 준비할 수 있으면 망설이지 말고 계약을 하라고 부추기는 경우가 많다. 계약만 하면 당장이라도 시세 차익(프리미엄)을 붙여 되팔 수 있다고 하면서 말이다. 일명 '전매'가 가능하다는 이야기다. 이 말을 곧이곧대로 믿을 사람이 있을까 싶겠지만, 의외로 당하는 사람이 많다. 순진하게 계약금이나 중도금의 일부를 치를 돈만 있으면 되는 줄 알고 여러 상가를 계약했다가 제때 내야 하는 중도금을 치르지 못해 계약해지를 당하거나 계약이 무효가 되어 이미 치른 계약금과 일부 중도금마저 날리는 사례가 종종 있다.

이런 경우 아무리 계약서에 전매를 책임지겠다는 특약사항을 넣었고, 소송을 통해 승소했다 하더라도 현실적으로 자신이 지불한 돈을 되돌려 받기가 쉽지 않다. 그러므로 상가를 살 때는 절대 '전매 가능'이란 말에 현혹되어서는 안 된다. 그렇게 쉽게 돈을 벌 수 있다면 영업사원 자신이 직접 사서 프리미엄을 받고 되팔지, 왜 여러분에게 사라고 권하겠는가?

피해야 하는 상가전매 유형

1. 위치가 좋지 않은 상가를 권유
2. 전매가 힘든 층(지하, 상층부)을 권유
3. 계약 후 중도금 납입 이전에 전매가 성사될 수 있다고 강조
4. 전매보장을 계약서에 명시하는 것을 피하고 구두약속을 고집
5. 과도한 프리미엄을 보장
6. 상담 당일에만 전매보장을 한다면서 계약을 독촉하는 경우

분양대행사가 고용한 임시직 영업사원은 실적에 따른 대가를 받기 때문에 계약자(시행사)와의 협의사항도 아닌 무책임한 발언으로 투자자들을 울리는 경우가 종종 있다. 따라서 투자자들은 계약서상의 분양 주체가 누구인지 또는 협의사항은 계약서에 명시했는지 등을 명확히 따져봐야 한다.

고분양가를 보여주는 분양상가의 현실

앞서 분양상가의 고분양가 논란에 대해 잠깐 언급했듯이, '선 임대'를 내세워 가짜 임차인을 들여놓고 높은 수익률이 보장되는 것처럼 보이게 하는 그럴싸한 포장에 속지 않기를 바란다. 여러 번 강조하지만 현재 임차인은 언제든지 나갈 수 있다는 것을 전제로 해야 하고, 새 임차인을 쉽게 구할 수 있는지, 현 임대료를 유지할 수 있는지 등을 꼼꼼히 조사해야 한다. 이는 인근 중개업소 몇 군데만 돌아도 금세 파악할 수 있는 정보이다. 그런데 이 간단한 조사조차 하지 않고 몇 억에서 수십 억까지 하는 분양상가에 너무나 쉽게 투자하는 모습을 보면 아연실색하지 않을 수 없다. 온라인으로 몇 만 원짜리 물건을 살 때는 단돈 몇 백 원 차이에도 구매사이트를 바꿀 정도로 '최저가'에 집중하면서도 그보다 수백에서 수천 배 비싼 부동산을 살 때는 영업사원의 홍보멘트에 마음의 문을 쉽게 연다. 물론 일부 중개업자가 투자를 부추기는 경우도 많다. 분양만 받으면 프리미엄을 얹어 되팔아주겠다며 말이다. 이런 경우 분양상가를 팔아준 중개업자는 틀림없이 시행사로부터 수수료를 두둑이 받았을 것이다.

실제로 카페의 한 회원이 수심 가득한 얼굴로 나를 방문한 사연도 이와 비슷했다. 이분의 아버님은 80이 넘은 연세이신데, 10평(전용면적)에 14억 원 상당하는 상가를 분양받으셨다. 그다지 자산가가 아니었음에도 상가를 분양받은 이유는 '분양받기만 하면 프리미엄을 얹어 되팔아주겠다'는 중개업자의 말을 철석같이 믿었기 때문이다. 계약금 1억 4,000만 원에 1차 중도금까지 총 3억 원에 상당하는 돈이 들어갔지만, 프리미엄이 붙기는커녕 시세가 급락해 아버님이 병환으로 몸져누웠고, 끝내 작고하셨다. 아들은 계약금을 포기하고 계약을 해지하고 싶었지만, 이미 중도금까지 들어간 입장이라 일방적 해지는 불가능했다.

도저히 해결책이 보이지 않자 나를 찾아온 아들과 함께 시행사를 찾아갔다. 자초지종을 설명하고, 스트레스로 병환을 얻어 작고하신 아버님 이야기까지 전하며 계약금을 포기하고 계약을 해지하는 방안을 정중히 부탁했지만 돌아온 대답은 '안 된다'였다. 급기야 계약금과 1차 중도금을 합한 3억 원에 달하는 돈을 포기하겠으니 계약을 해지해달라고 했음에도 역시 돌아온 대답은 '안 된다'였다. 시행사 입장에서는 3억 원을 몰취하고 다시 분양하면 될 텐데 끝까지 '계약을 해지할 수 없다'는 입장을 고수하는 것만 봐도 얼마나 고분양가였는지 알 수 있는 대목이다.

계약서에 사인하는 순간 시간은 돌이킬 수 없다. 또한 돌이킬 수 있다고 해도 큰 손해를 감수해야 한다. 수천만 원에서 수억 원에 달하는 종자돈을 모으기 위해 허리띠를 조이고 아끼는 세월을 수년에서 수십 년 했건만, 이렇게 간단하게 날리는 데는 사인 한 번이면 끝인 것이다. 그러므로 계약서에 사인하기 전에는 신중, 또 신중하기를 바란다.

\<Plus tip\>
중도금의 효력

매매계약서 작성 시 계약금+잔금으로 구성하는 경우와 계약금+중도금+잔금으로 구성하는 경우가 있다. 이는 계약자유의 원칙에 따라 양측이 합의한 사안대로 자금 구성을 진행한다. 계약을 할 때 계약금 지급이 필수조건은 아니다. 간혹 계약금이 지급되지 않았으니 계약이 무효라고 주장하는 사람이 있는데, 이는 정확한 표현은 아니다. 계약서를 작성하고 계약금을 주고받았다는 것은 엄밀히 말해 '매매계약'과 '계약금계약' 두 가지를 했다는 의미이다. 계약금이 지급되지 않은 경우 계약금계약은 성사되지 않았지만, 매매계약의 효력은 유지되는 것이다. 다만 이 경우 매매계약이 해지될 때 손해배상의 책임을 어떻게 산정하는가의 문제가 따르게 되므로 통상 계약금계약을 같이 진행함으로써 매매계약 해지 시 계약금이 해약금의 기준이 되는 것이다.

민법제565조(해약금)
매매의 당사자 일방이 계약 당시에 금전 기타 물건을 계약금, 보증금 등의 명목으로 상대방에게 교부한 때에는 당사자 간에 다른 약정이 없는 한 당사자의 일방이 이행에 착수할 때까지 교부자는 이를 포기하고 수령자는 그 배액을 상환하여 매매계약을 해제할 수 있다.

이처럼 별다른 약정이 없는 한 계약금을 해약금으로 보기 때문에, 계약금만 수수한 경우에는 이를 포기하거나 배액 상환함으로써 일방적인 계약해지가 가능하다. 하지만 중도금이 지급된 상태라면 상황이 달라진다. 중도금은 '계약의 이행 착수'를 의미하기 때문에, 중도금이 지급된 상태에서는 일방적인 해지가 어렵다. 이때 계약을 해지하려면 매도인과 매수인 모두의 합의가 필요하다. 합의의 계약해지가 이뤄졌다하더라도 계약금이 자동으로 상대방에게 귀속되는 것이 아니니 별도의 위약금 합의가 있어야만 해당 금원을 취할 수 있다는 점을 유념해야 한다.

현재 임차인이 진짜인지 알아보는 방법

한 투자자가 3층에 위치한 상가를 2억 원에 매수했다. 현재 상가는 임차인이 보증금 2,000만 원/월세 120만 원에 사무실로 사용해서 수익률이 8%였다. 은행이자가 2%도 안 되는데 4배가 넘는 수익률이니 꽤 괜찮은 투자라고 투자자는 자부했다. 임차인의 계약기간은 2년이고, 4개월이 지난 시점에 매수했으니 앞으로 남은 20개월 동안 꼬박꼬박 120만 원씩 월세를 받을 수 있을 것이다. 그렇게 흐뭇하게 상가의 잔금을 치른 뒤 채 한 달이 안 되어 임차인의 전화를 받았다.

"제가 사정이 생겨서 나가려는데, 보증금을 돌려주셨으면 좋겠습니다."

"네? 갑자기 그런 게 어딨어요?"

"사무실 사정이 좋지 않아서요."

"잠시만요, 저도 중개업소에 좀 알아보고 연락드릴게요."

전화를 끊은 임대인은 주변 중개업소에 연락해 임차인을 구할 수 있는지 물어보았고, 현재 임대 수준이 보증금 1,000만 원/월세 60만 원이라는 이야기를 들었다. 임대인은 지금 임차인에게 다시 전화를 걸었다.

"아무래도 계약기간이 많이 남았으니 계약해지는 안 되겠어요. 계약기간을 채우시든지, 정 나가고 싶으면 같은 조건으로 임차인을 구해놓고 나가시든지 하세요."

"그건 안 되지요. 제가 임차인을 구할 이유도 없습니다. 보증금을 돌려주지 않으면 법대로 할 테니 그리 아세요."

"삐……."

임차인은 법대로 한다는 말을 남기고 전화를 끊었고, 임대인은 씩씩거렸다.

'뭐, 법대로? 웃기고 있네. 임차건물의 양수인은 기존 임대인의 지

위를 승계한 것으로 보는 상가건물 임대차보호법은 나도 이미 잘 알고 있단 말이야.'

과연 이 사례에서 상가를 매수한 임대인은 기존 임차인과의 계약을 유지할 수 있을까? 임차인은 뭘 믿고 법대로 한다는 말을 하면서 나간다고 했을까? 바로 이 경우 임차인은 나갈 수 있다는 판례가 존재하기 때문이다.

대법원 98마100 판례

임대차계약에 있어 임대인의 지위의 양도는 임대인의 의무의 이전을 수반하는 것이지만, 임대인의 의무는 임대인이 누구인가에 의하여 이행방법이 특별히 달라지는 것은 아니고, 목적물의 소유자의 지위에서 거의 완전히 이행할 수 있으며, 임차인의 입장에서 보아도 신소유자에게 그 의무의 승계를 인정하는 것이 오히려 임차인에게 훨씬 유리할 수도 있으므로 임대인과 신소유자와의 계약만으로써 그 지위의 양도를 할 수 있다 할 것이나, 이 경우에 임차인이 원하지 아니하면 임대차의 승계를 임차인에게 강요할 수는 없는 것이어서 스스로 임대차를 종료시킬 수 있어야 한다는 공평의 원칙 및 신의성실의 원칙에 따라 임차인이 곧 이의를 제기함으로써 승계되는 임대차관계의 구속을 면할 수 있고, 임대인과의 임대차관계도 해지할 수 있다고 보아야 할 것이다.

이처럼 임대인이 바뀌었을 때 임차인이 원하지 않으면 임대차계약을 해지할 수 있다. 계약기간 중에 임대인이 바뀌면 계약이 승계된다는 사실은 잘 알지만, 임차인이 계약을 해지할 수도 있다는 사실을 모르는 사람이 많다. 따라서 앞서 사례에서는 임차인의 계약해지로 인해 임대인은 보증금을 내주고 새로운 임차인을 물색해야 한다. 현 임대시세가 보증금 1,000만 원/월세 60만 원이니 2억 원의 매수가격으로 계산하면 3.7% 수익률로 애초 예상보다 반토막이 되었다.

앞서 사례는 수상한 느낌을 지울 수 없다. 매도인과 임차인이 짜고 순진한 매수인을 속였다는 의심이 간다. 그럼에도 임차인이 '나 가짜요'라고 드러내는 것도 아니니 매수인 입장에서는 조심하는 수밖에 없다. 그렇다면 매수인은 어떻게 해야 할까? 바로 임대료의 시세를 철저히 조사해야 한다. 수익형 부동산의 생명은 월세다. 월세가 바로 그 부동산의 가격으로 환산되기 때문이다. 월세를 부풀려 투자자에게 피해를 입히는 경우가 많은 만큼 정확한 월세 확인이 필요하다.

또한 앞서 사례와 같은 경우 임차인의 중도해지를 막는 장치가 필요하다. 즉, 임차인이 현재의 조건대로 만기일까지 계속 있겠다는 약속을 미리 받아두는 것이다. 사정상 임차인을 만날 수 없다면 중개업소를 통해 매매계약서에 '매도인은 임차인에게 계속 임차하겠다는 동의를 받는다.' 잔금일에 매도인은 매수인에게 〈임대인 변경에 대한 임차인의 동의서〉를 제출한다'라는 특약사항을 넣어야 한다.

현재의 임차인이 진짜라면 매도인도 동의할 것이나 만약 가짜 임차인이라면 이 조항을 빼자고 할 것이며, 결국 계약 자체를 거부할 수밖에 없을 것이다. 이로써 투자자는 미처 몰랐던 위험에서 벗어나게 되는 셈이다. 가짜 임차인을 걸러낼 수 있는 이 몇 줄의 특약조항은 임차인을 안고 매매계약을 할 때 꼭 필요한 계약 상식이다.

Part 3
혼자서도 돈 되는 상가 찾는 방법

Learn more >

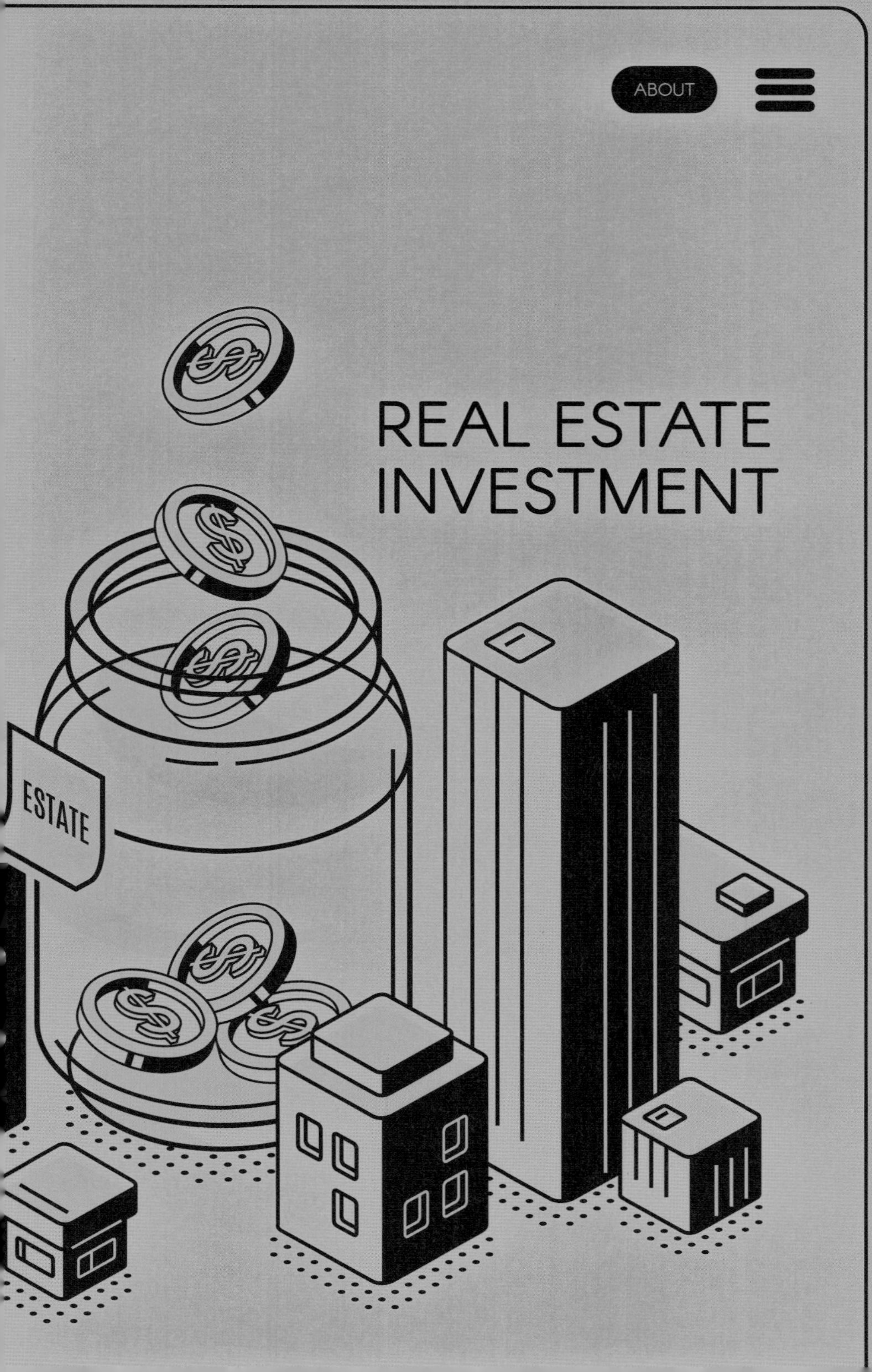
ABOUT
REAL ESTATE
INVESTMENT
ESTATE

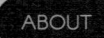

돈 되는 상가를 찾기 위한
임장 체크리스트

나는 마음에 드는 상가를 찾기 위해 자주 임장(현장에 가서 두루 살피는 것)을 간다. 물론 초보자들도 임장을 가야 한다는 것쯤은 알고 있을 것이다. 문제는 초보자 몇몇이 모여 임장을 가서는 달랑 상가 하나 보고 주변 맛집을 찾아 밥 먹고 오는 경우가 많다는 것이다. 그러려면 뭐 하러 상가 임장을 갔냐는 생각이 들 정도다. 맛집은 주변에도 많은데 말이다. 이 장에서는 상가 투자 시 현장에서 꼭 체크해야 할 임장 체크리스트를 공개한다. 미리 말하지만, '뭐 이렇게까지 알아봐야 하나?' 하고 푸념하는 분들도 있을 것이다. 하지만 수천만 원에서 수억 원 하는 상가를 사면서 마트서 달랑 몇 천 원짜리 물건을 사듯 고르면 뒤탈이 난다. 마음에 안 든다고 환불할 수도 없으니 말이다. 상가를 사러 가는 길에 주유소에 들렀을 때 리터당 몇 십 원 차이의 유류비에도 벌벌 떠는 사람이 부동산에 투자할 때는 또 어찌나 배포가 큰지, 참으로 아이러니한 일이다.

지도만 보고 투자하겠다는 위험한 발상의 최후

나는 지금도 전국 방방곡곡을 다니고 있고, 한 번 가본 상권이라도 일정시간 후에 또 찾아 상권 변화 여부를 살펴본다. 상권은 살아 움직이기 때문이다. 상가 전문가인 나조차도 수차례의 임장을 통해 상가를 살지 말지 분석하는데, 초보자들은 겁도 없이 누가 추천해준 상가를 지도만 보고 덜컥 사버리는 대담함을 보인다. 물론 지도를 분석하는 것은 상가 투자의 기본 중 기본이다. 하지만 지도만으로 모든 상가를 분석할 수 있다는 발상은 매우 위험하다.

한 예를 살펴보자. 김해의 ○○신도시는 인구 15만 명이 모여 사는 도시다. 신도시인 만큼 분양가도 높았는데, 인구도 많고, 주변에 추가 공급되는 상업지가 있는 것도 아니어서 분양이 잘됐다. 하지만 이곳은 기대와 달리 장사가 잘되지 않는다. 장사가 안 되니 매출이 떨어지고, 임차인이 자주 바뀌면서 월세 하락을 불러오고, 이는 시세 하락에 직접적인 영향을 줬다. 그렇다면 장사가 안 되는 이유가 뭘까? 바로 베드타운(Bed Town)화 되었기 때문이다. 베드타운이란 도심에 직장을 갖고 있는 시민의 주거지 역할을 위해 대도시 주변에 주거 기능 위주로 형성된 도시를 말한다. 김해의 ○○신도시는 인근 창원에서 많이 이사 와 거주하고 있어서 직장이 있는 창원으로 출퇴근하는 주민이 많다. 창원에서 근무 및 회식을 하고 집으로 돌아와 잠만 자다보니 이곳 장사가 신통치 않은 것이다. 따라서 상가에 투자하기 전, 단순히 지도만 보고 입지를 따지거나 상권 형성을 기대하면 안 된다. 아무리 주민의 수가 많고 추가 상업지 공급이 없더라도 다른 도시로 빨려나가는 상권이라면 제대로 된 상권이 형성되기 어렵다.

상가를 구입하기 전 반드시 체크할 사항들

1. 숫자 분석
다른 거래 사례와 평 단가, 수익률, 임대료, 공실률, 권리금, 관리비 등 비교

2. 임차인 분석
임차인 매출 및 비용 추정, 임차인 영업 시작일, 임차인의 경쟁 가게 현황, 먹어보기 등의 체험

3. 상권 분석

상가 전체 면적과 인근 아파트 단지 또는 오피스 면적 비교, 유동인구 및 동선, 과거 상권과 변화 비교

4. 물리적 현황 분석

상가 내 동선, 전면의 길이, 간판 위치, 가로수, 준공 연도, 면적 및 전용률, 기둥 유무, 문턱, 천장 높이, 주차 현황, 비상계단, 승강기, 창문 크기, 용도, 화장실 등 관리상태

5. 주변 현황 분석

지하철, 버스정류장까지의 거리, 도로 폭, 횡단보도 위치

6. 기타

호재와 악재, 위반시설물, 혐오시설

\<Plus tip\>
한눈에 쏙 들어오는 임장 체크리스트

1. 그 지역 상권 분석은 물론 전체 상권이 살아 있는지 체크 한다.
2. 프랜차이즈 업종인지 확인한다.
3. 상가 관리비를 체크한다. 공실일 때의 이자비용과 관리비도 함께 체크한다.
4. 해당 건물의 공실과 주변의 공실률을 알아본다. 주변의 공실률이 낮다면 현 임차인과의 재계약 확률이 높아진다.
5. 기존 임차인의 재계약 의사 여부를 알아본다.
6. 바닥권리금이 어느 정도 있는지 알아본다.
7. 최소 세 곳 이상의 중개업소에서 보증금과 임대료를 알아본다.
8. 내부 인테리어 수준이 어느 정도인지 알아본다.
9. 상가 내 업종제한이 있는지 알아본다.
10. 노래방, PC방, 유흥주점, 모텔 등 특정업종을 인수하고자 할 때는 양도가능 여부를 미리 확인해본다.

영업신고, 허가, 등록 차이에 따른 업종 변화

상가에서 영업을 하려면 업종에 따라 구청 및 세무서에서 어떤 절차를 거쳐야 하는지 확인해야 한다. 또한 소방이나 정화구역(보호구역) 등의 개별법에도 저촉되는 부분이 없는지 추가로 체크해야 한다.

1. 영업신고

영업신고는 주변에서 쉽게 볼 수 있는 일반음식점, 커피숍, 제과점, 미용실, 세탁소 등의 업종이 해당된다. 영업신고는 일정한 요건을 갖추면 해당 관청에서 거의 수리해주는 경우가 많다. 음식점의 경우 위생교육이나 보건증, 임대차계약서, 신분증 등을 준비한 후 정화조와 하수도원인자부담금 등의 문제가 없다면 영업신고증을 내준다

(그 후 세무서에서 사업자등록을 한다). 다만 영업신고 업종이라도 국토의 계획 및 이용에 관한 법률, 하수도법, 농지법 등 그 밖의 개별 법령에 저촉되는 내용이 있는지 확인해야 한다.

2. 영업허가

영업허가 업종은 요건을 갖췄다고 해도 허가를 해줄 수도 있고, 안 해줄 수도 있는 경우를 말한다. 실제로 심사가 진행되는데, 이는 해당되는 개별법과 주민의 민원 등을 감안하기 때문에 까다롭다. 대표적인 허가 업종으로는 단란주점이나 유흥주점 같은 유흥업소, 신용정보업(채권추심, 신용조사), 성인오락실 등이 있다.

3. 영업등록

자격증 또는 영업등록증으로 영업자격에 대한 증빙 확인이 돼야 허가가 되는 업종이다. 부동산 중개업, 약국, 안경점, 음반 판매업, 학원, 독서실 등이 여기에 해당된다.

4. 자유업종

별도의 영업신고나 등록 없이 세무서에 가서 사업자등록만 하면 영업이 가능한 업종이다. 편의점, 의류매장, 휴대폰매장, 문구점, 화장품, 꽃집 등 완제품을 파는 소매점이 거의 여기에 해당된다.

건축물대장 발급은 필수

해당 상가에 어떤 업종을 넣고 싶어도 건축물의 용도가 어떻게 되느냐에 따라 입점할 수 있는 업종이 달라진다. 이런 용도를 알아보지 않고 매수했을 경우 해당 업종을 영위할 수 없는 상황이 벌어질 수 있다. 따라서 매수 전에 건축물대장 발급을 통해 건축물의 용도를 잘 파악해야 한다.

건축물의 용도를 파악할 수 있는 건축물대장

종별		업종의 정의
식품 접객 업소	일반음식점	음식류를 조리·판매하는 영업으로서 식사와 함께 부수적으로 음주행위가 허용되는 영업
	휴게음식점	주로 다(茶)류, 아이스크림류 등을 조리·판매하거나 패스트푸드점, 분식점 형태의 영업 등 음식류를 조리·판매하는 영업으로서 음주행위가 허용되지 않는 영업. 다만 편의점, 슈퍼마켓, 휴게소 그 밖의 음식류를 판매하는 장소에서 컵라면, 일회용 다류 또는 그 밖의 음식류에 뜨거운 물을 부어주는 경우는 제외한다.
식품 접객 업소	단란주점	주로 주류를 조리·판매하는 영업으로서 손님이 노래를 부르는 행위가 허용되는 영업
	유흥주점	주로 주류를 조리·판매하는 영업으로서 유흥종사자를 두거나 유흥시설을 설치할 수 있고, 손님이 노래를 부르거나 춤을 추는 행위가 허용되는 영업
	위탁급식	집단급식소를 설치·운영하는 자와의 계약에 따라 그 집단급식소에서 음식류를 조리해 제공하는 영업
	제과점	주로 빵, 떡, 과자 등을 제조·판매하는 영업으로서 음주행위가 허용되지 않는 영업

\<Plus tip\>
건축물대장 발급하는 방법

건축물대장은 정부24(www.gov.kr) 및 세움터(www.eais.go.kr) 홈페이지에서 무료로 발급(열람)할 수 있다. 발급된 건축물대장을 통해 위반건축물 여부 및 위반사항을 확인할 수 있다.

'정부24'의 홈페이지 화면

'세움터'의 홈페이지 화면

미납관리비를 파악하라

관심 있는 상가의 매매를 고려하고 있다면, 그 상가에 미납관리비가 있는지 꼭 확인하자(경매 입찰도 마찬가지다). 주택에 비해 상가 관리비는 금액이 커서 적게는 몇 십만 원에서 많게는 천만 원이 넘는 미납관리비가 발생하기 때문이다. 이렇게 미납관리비가 많을 경우 매수자가 인수하는 경우가 발생할 수 있기 때문에 미리 관리사무소를 찾아가 미납관리비 여부를 확인하는 게 좋다. '집합건물의 소유 및 관리에 관한 법률' 제18조에는 '공유자가 공용부분에 관해 다른 공유자에 대해 가지는 채권은 그 특별승계인에 대해서도 행사할 수 있다'고 규정하고 있다. 이는 판례를 통해서도 뒷받침되고 있다.

> **대법원 2004다3598 판례**
>
> 집합건물의 공용부분은 전체 공유자의 이익에 공여하는 것이므로 공동으로 유지 및 관리돼야 하고, 그에 대한 적정한 유지 및 관리를 도모하기 위해서는 소요되는 경비에 대한 공유자 사이의 채권을 특히 보장할 필요가 있어 공유자의 특별승계인에게 그 승계의사의 유무에 관계없이 청구할 수 있도록 특별규정을 둔 것이다.

"관리비는 공용부분에 해당하는 금액 중 3년 치에 해당하는 금액만 물어주면 되는 것 아닌가요?" 수년에 걸쳐 장기간 공실로 방치된 상가를 싼 가격에 매입하겠다는 생각을 하신 분이 내게 물어온 질문이다. 이 말은 일부는 맞고, 일부는 틀리다. 집합건물의 관리비 채권은 3년의 단기소멸시효가 적용된다. 이는 1년 이내의 기간으로 정한 금전 지급을 목적으로 한 채권에 해당하기 때문이다(민법 제163조제1호). 다만, 건물 관리단 측에서 관리비를 구하는 소송을 제기해 승소하면 소멸시효가 중단되고, 판결이 확정된 때로부터 10년의 소멸시효가 다시 진행된다(민법 제165조). 이렇게 소멸시효가 중단된 채권은 새로운 승계자에게 승계되므로 소멸시효로 3년 치에 해당하는 관리비만 인수하면 된다는 생각은 다소 위험한 발상이다.

> **대법원 2014다81474 판례**
>
> 집합건물의 관리를 위임받은 갑이 구분소유자 을을 상대로 관리비 지급을 구하는 소를 제기해 승소판결을 받음으로써 을의 체납관리비 납부의무의 소멸시효가 중단되었는데, 그 후 병이 임의경매절차에서 위 구분소유권을 취득한 사안에서 시효중단의 효력이 병에게도 미친다고 판시한다.

이 판례는 전 구분소유자에 대한 소멸시효 중단의 효력을 새로운 구분소유자에게도 주장할 수 있음을 분명히 해 실무에서의 혼란을 일단락 지었다. 따라서 3년의 소멸시효만 믿어서는 안 된다. 건물을 매수하는 사람은 전체 미납관리비가 얼마인지, 소멸시효 중단조치가 있었는지 여부를 꼼꼼히 살펴서 낭패를 보는 일이 없어야 할 것이다.

임차인과 재계약을 위해 주변 공실을 파악하라

　상가 매수를 염두에 둔다면 임장을 통해 지금 입점하고 있는 임차인과의 재계약 여부를 확인해야 한다. 재계약을 해야 공실 위험에서 벗어날 수 있기 때문이다. 상가가 공실이 되면 매달 대출이자와 관리비 부담이 발생한다. 또한 공실 상태에서는 임차인들이 쉽게 입점하려 하지 않는다. 임차인들은 입점이 이루어진 상태의 상가가 상권이 활성화되어 있다는 생각을 하므로 업종을 바꾸더라도 현재 공실이 아닌, 영업하고 있는 상가의 입점을 원하는 경우가 많다. 따라서 기존 임차인의 재계약 여부는 공실을 줄이기 위한 중요한 요소이므로 재계약 여부를 꼭 확인해봐야 한다.

임차인과의 재계약을 위해서는 주변 상가에 공실이 얼마나 있는지 알아봐야 한다. 현재 장사가 잘되는 임차인일수록 많은 단골을 확보해놓은 탓에 장소를 먼 곳으로 옮기기 쉽지 않다. 하지만 주변에 공실이 많으면 이야기가 달라진다. 임대료 협상이 불발될 경우 임차인은 언제든 주변 공실로 자리를 옮길 수 있다. 설사 기존 임차인과 재계약을 했더라도 주변 상가에 공실이 많다면 활성화가 늦어져서 내 상가의 건물 가치도 영향을 받게 된다. 이렇듯 공실 여부는 수익률 및 시세 차익에 큰 영향을 미치는 요소이므로 임장을 통해 주변 상가의 공실률은 물론 공실이 된 시점과 기간을 꼼꼼히 확인해야 한다. 가만히 앉아서 이러한 주변 건물의 공실 여부를 파악하는 것에는 한계가 있으므로 부지런히 발품을 팔며 확인해야 한다.

권리금의 중요성을 확인하라

권리금의 주변 시세와 해당 건물의 권리금을 조사해야 하는 이유는 내 건물의 가치를 알아볼 수 있는 정보이기 때문이다. 권리금은 크게 바닥권리금, 영업권리금, 시설권리금으로 나눌 수 있다.

1. 바닥권리금

지역프리미엄(=지역권리금)이라고도 할 수 있는 바닥권리금은 상권이 매우 좋아 손님들이 많은 곳에 발생하는 권리금이다. 다른 말로 '자릿세'라고도 불린다. 바닥권리금은 상가 내부에 설치된 시설이 없더라도 발생할 수 있으며, 위치가 정말 좋은 상가라면 세입자 없이 비워져 있더라도 건물 주인이 직접 임차인에게 바닥권리금을 요구하는 경우도 있다. 다만 신축상가가 많은 상권이나 아직 상권이 형성되지 않은 곳은 적정한 바닥권리금의 기준이 모호한 경우도 많다. 바닥권리금은 건물주가 요구할 때만 계약서에 명시해 지불하고, 공인중개사나 분양업자가 요구할 때는 지불할 필요가 없다.

2. 영업권리금

기존 점포의 영업을 통해 발생한 매출에 근거한 권리금이다. 장사가 잘돼 매월 일정한 매출이 보장되는 곳의 상가를 그대로 인수하는 경우 통상 일 년 정도의 순수입에 해당하는 금액을 이전 임차인에게 주게 된다. 예를 들면 한 달 순수입이 2,000만 원이면 2억 4,000만 원 정도의 권리금이 형성된다. 다만, 주의할 점이 있다. 영업권리금을 책정할 때는 매도자가 일방적으로 산출한 매출액을 그대로 믿기보다는 매출장부나 카드전표 등을 확인한 후 해당 권리금이 적정한지 여부를 미리 알아봐야 한다.

3. 시설권리금

현재 운영하는 업종과 같은 업종을 유지할 경우, 사용하던 시설들을 그대로 인수받아 사용하면서 이전 임차인에게 주는 시설비용이 시설권리금이다. 이전 임차인이 투자한 인테리어나 간판, 내부 물품 등이 이 시설에 해당한다. 시설권리금은 최초 설치비용에 통상 매년

20% 감가해 계산하고, 5년이 지난 시설물이나 집기에는 권리금을 적용하지 않는다. 따라서 정확한 감가상각을 계산하려면 기존 점포의 사업자등록증을 통해 최초 개업일을 확인하는 것이 좋다. 시설권리금은 예전 시설을 그대로 인수받아 사용하는 대가로 주는 권리금이므로, 새로운 임차인이 만약 다른 업종을 하게 되는 경우 전 임차인은 자신이 설치한 시설을 모두 철거해 해당 상가를 원상복구해야 할 수도 있다.

※영업권리금과 시설권리금은 기존 임차인과 새 임차인이 영업권을 양도 또는 양수 하는 경우에 발생할 수 있다. 다만, 임대인과 임차인과의 관계에서 원상복구를 해야 하는 의무가 계약서에 명기된 경우가 많으므로, 양도 또는 양수의 관계가 아니라면 영업권리금 및 시설권리금이 발생하지 않는 경우가 많다.

\<Plus tip\>
업종별 권리금 현황(통상 기준)

1. 약국 : 하루 처방전 100장을 기준으로 권리금은 1억 원에서 1억 5,000만 원 정도다.

2. 병원 : 건강보험심사평가원 청구액이 월 6,000만 원이면 5개월분인 3억 원 정도가 권리금으로 간주된다.

3. 태권도장 : (원생 수×학원비×10개월)이 권리금 기준이다.

4. 교회 : 신도 1명에 100만 원 정도 권리금이 책정된다(시설비와 권리금을 합친 금액).

합의된 권리금의 증거를 남겨라

주변에서 심심치 않게 일어나는 문제가 권리금이다. 보통 뒤에 들어오는 세입자가 앞의 세입자에게 주고 들어오는데, 문제는 양측의 이견이 발생할 때다. 뒤의 세입자 입장에서는 권리금을 줬으면 권리금 계약서를 적든지, 영수증을 받든지, 메모나 문자 등의 증거를 남겨야 하는데 그렇지 않은 것이다. 실제로 내게 연락을 해온 임차인도 이와 비슷한 경우였다.

이분(후임 임차인)은 앞 임차인과 권리금을 1,000만 원으로 합의했고, 1,000만 원을 다 지급했는데 앞 사람이 1,000만 원을 더 달라고 요구한 것이다. 이에 황당한 마음이 든 이분이 "1,000만 원 권리금을 다 지급했는데, 1,000만 원을 더 달라니 이게 무슨 말이냐?"라고 하니,

앞 사람은 "처음부터 권리금은 2,000만 원이었다. 그러니 아직 남은 1,000만 원을 더 달라"고 한 것이다. 서로 액수에 관한 이견이 있는 상황이었는데 문제는 이를 증명할 자료가 없는 것이다. 자료는 없고 두 분의 의견만 있는 상태라서 제3자인 내가 판단하기에도 어느 편을 들어야 할지 모호했다. 계약하기 전에 미리 내게 연락을 했다면 조언을 해줄 수 있는 사안인데, 계약을 하고 권리금을 준 뒤에야 이런 연락이 오니 아쉬움이 남는다. 여러분들은 이런 난감한 일을 겪지 않기 위해 권리금을 지급했다면 반드시 영수증을 받거나 문자, 녹취 등의 증거를 반드시 남겨두길 바란다. 다만, 녹취는 기본 1~2분 분량이라도 속기사를 이용해 소송자료로 만들기 위해서는 보통 20만 원 내외의 비용이 소요되므로 가급적 녹취보다는 계약서나 영수증으로 마무리하는 게 좋겠다.

상가건물 임대차보호법 제10조의4에는 '임대인은 임대차 기간이 끝나기 6개월 전부터 임대차 종료 시까지 권리금 계약에 따라 임차인이 주선한 신규 임차인이 되려는 자로부터 권리금을 지급받는 것을 방해해서는 안 된다(예외 사항 있음)'는 규정이 있다. 다만, 이 권리는 정당한 상가 세입자에게 주어지므로 임차인이 3기의 차임액을 연체하는 등 채무불이행을 했다면 행사할 수 없으므로 주의해야 한다. 또한 상가건물 임대차보호법 제10조의4제2항에 의하면 다음 어느 하나에 해당하는 경우에는 정당한 사유가 있는 것으로 간주, 임차인이 주선한 신규 임차인과의 계약을 거절할 수 있다.

> **임차인이 주선한 신규 임차인과의 계약을 거절할 수 있는 경우**
>
> 1. 임차인이 주선한 신규 임차인이 되려는 자가 보증금 또는 차임을 지급할 자력이 없는 경우
>
> 2. 임차인이 주선한 신규 임차인이 되려는 자가 임차인으로서의 의무를 위반할 우려가 있거나 그 밖에 임대차를 유지하기 어려운 상당한 사유가 있는 경우
>
> 3. 임대차 목적물인 상가건물을 1년 6개월 이상 영리목적으로 사용하지 아니한 경우
>
> 4. 임대인이 선택한 신규 임차인이 임차인과 권리금 계약을 체결하고 그 권리금을 지급한 경우

만약 정당한 사유 없이 건물주가 신규 임차인과의 계약을 거부함으로써 임차인이 권리금 회수에 손해를 입었다면 임대차가 종료한 날로부터 3년 이내에 소를 제기하는 것이 좋다. 소멸시효 기간이 3년이기 때문이다.

높은 수익률을 위한 업종별 전략

　임대인이라면 누구나 적은 투자금 대비 높은 월세를 꿈꾼다. 이를 위해서는 임차인의 영업력이 뛰어나거나 경쟁업체의 진입장벽이 높아야 한다. 그래야 임차인의 매출이 급감하는 일이 없기 때문이다. 또한 업종별 특징을 알아야 한다. 업종에 따라 월세를 많이 줄 수 있는 세입자도 있고, 정반대의 경우도 있기 때문이다.

1. 빵집

　파리바게트, 뚜레쥬르 등으로 대표되는 프랜차이즈가 내 상가에 입점할 수 있을까? 그러기 위해서는 상권을 분석하고, 입점 가능한 위치인지를 파악해야 한다. '중소기업 적합업종 제도'에 따라 빵집 프랜차이즈의 경우 인근 중소제과점과 500m 이내에는 신규 출점을 하지 못하게 돼 있다(신도시와 신상권은 제외). 따라서 500m 이내에 중소제과점이 있다면 프랜차이즈 빵집은 입점할 수 없다.

그렇다면 현재 중소제과점 빵집이 입점된 상가를 인수하려고 할 때, 염두에 둘 부분은 무엇일까? 바로 타 빵집의 신규 출점이다. 앞서 말한 거리제한은 국내 대기업 프랜차이즈 업체의 경우 500m 이내에 입점하지 못하는 규정이라서, 외국계 브랜드 빵집은 이 규정을 적용받지 않아 신규 출점이 가능하다. 실제 대기업 빵집 출점제제의 최대 수혜자는 동네 영세 빵집이 아니라 외국계 브랜드 빵집이라는 말은 공공연한 이야기다. 따라서 상권이 좋다면 언제든 외국계 빵집이 들어올 수 있다.

더불어 대기업 브랜드 빵집끼리는 출점 제한거리가 없다. 현재 파리바게트가 입점된 상가를 비싼 돈을 주고 매입했음에도 인근 건물에 뚜레쥬르 빵집이 입점할 수 있는 것이다. 외국계 빵집도 마찬가지다. 그러므로 현재 중소기업 빵집을 운영 중이거나 프랜차이즈 빵집이 입점된 상가를 매수한다 해도 언제든 새로운 빵집이 들어올 수 있음을 경계해야 한다. 업체 간 출혈경쟁으로 폐업을 하면 공실이 발생해 임대료 및 매매가에도 좋지 않은 영향을 주기 때문이다.

크지 않은 상권임에도 두 브랜드 빵집이 입점해 출혈경쟁을 보이고 있다

2. 김밥 & 분식집

여러분이 김밥 & 분식집을 차린다면 어느 정도가 적정 월세일까? 예상되는 하루 매출을 산정해 사흘분에 해당하는 월세가 적당하다는 것이 내 견해다. 예컨대 하루 예상 매출이 40만 원이라면 가게 월세는 120만 원 이내가 적당하다. 그 이상이면 다른 자리를 알아보는 게 낫다고 본다. 장사를 하면 필수적으로 월세+재료비+인건비+각종 유지비 및 세금이 발생하는데, 모든 비용을 제하고 남는 수익을 취하는 구조에서 높은 월세는 턱없이 낮은 수익으로 귀결된다.

더군다나 김밥 프랜차이즈도 복병이다. 인건비를 줄이기 위해 요즘 김밥집에는 자동화바람이 불고 있다. 프랜차이즈 ○○김밥 매장에 가보면 '라이스 시트기'라는 기계를 통해 1~2초 만에 김 위에 밥을 고르게 펴고 있다. 그 외에도 '김밥 절단기', '채소 절단기' 등을 통해 적은 인원으로 빠른 시간 내 김밥을 만들어내고 있다. 그러니 많은 인건비를 부담하면서 높은 월세까지 내면 더욱 설 자리가 없어지므로 임대인 및 임차인은 서로의 이해관계를 잘 따져봐야 한다.

편의점 입점, 반드시 담배권을 획득하라

내가 실제로 편의점을 운영해본 결과 편의점 매출에서 담배가 차지하는 비율이 40% 가까이 된다. 또한 담배를 사러 오면서 껌이나 커피 등 다른 물건을 사가는 경우가 많다. 이렇듯, 편의점 전체 매출의 절반을 담배와 그 관련 매출이 차지하므로 담배 허가가 나지 않으면 편의점(슈퍼)을 개업해서는 안 된다. 따라서 상가를 매수할 때는 '매수인(분양받는자)에게 담배허가가 나지 않으면 매매계약을 무효로 한다'는 특약을 요구한다. 편의점 임차인으로 들어갈 때도 마찬가지로 '편의점을 운영하는 임차인에게 담배허가가 나지 않으면 임대차 계약을 무효로 한다'는 특약을 요구하는 게 좋다.

담배는 해당 지자체(보통 구청)로부터 판매허가를 받아야 팔 수 있다. 판매허가에는 세 가지 기준이 있어 이중 한 가지에 부합하면 담배판매허가(=담배권)를 얻을 수 있다. 담배허가는 인수인계되지 않으며, 기존 사업자 폐업과 동시에 신규 사업자가 새로 신청한다.

1. 일반허가 : 거리제한 50m(일부 지역은 100m)

현행법상 담배 소매인 지정업소간 거리는 도시의 경우 50m, 농촌은 100m를 유지해야 한다. 다만, 최근 서울과 제주도는 신규 출점 기준이 50m에서 100m로 변경됐다(기존 점포는 50m 인정됨). 물품을 판매하지 않고 서비스만 제공하는 비판매시설(공인중개업소 등)에서의 담배 판매를 제한하는 지자체도 있다. 서울시가 거리제한을 확대함에 따라 경기, 인천 등 수도권은 물론이고 전국의 거리제한에도 영향을 미칠 수 있다. 따라서 타 지역도 점차 신규 출점거리제한이 100m로 변경되는 경우가 있으므로 사전에 지자체에 확인 절차를 거쳐야 한다. 거리를 재는 방법은 차선이 있는 길은 횡단보도를 따라서 거리를 재고, 차선이 없는 골목길은 최단거리로 거리를 잰다. 간혹 인터넷상에 4차선을 두고 있으면 거리제한에 상관없다는 낭설이 도는데 이는 사실이 아니다. 담배권 거리는 인근 담배권 점포의 제일 가까운 쪽의 벽(기둥)과 본인 가게와의 최단거리(벽, 기둥)를 재는 방식이다. 따라서 출입문의 위치와는 상관이 없다. 간혹 1m라도 늘려보려고 출입문 위치를 바꾸는 경우가 있는데, 소용없는 행동이다.

2. 구내허가 : 6층 이상, 연면적 2,000㎡(605평) 이상

구내허가는 해당 건물이 6층 이상, 연면적 2,000㎡(605평)이상일 때 담배허가를 내주는 규정이다. 이때 구내 점포와 일반 점포사이에 거리제한은 없다(서초구 제외). 간혹 이웃한 큰 건물의 편의점에서 각각 담배를 판매하는 경우를 볼 수 있는데 구내허가를 통해 담배권을 획득한 경우다. 이 규정은 지자체 재량에 따라 허가가 날 수도 있고 안 날 수도 있으니 반드시 사전에 문의해야 한다.

구내허가 편의점과 임대차계약서 작성 때, '임차인은 담배권을 들고 이동하지 못한다'라는 특약을 반드시 명기해야 한다. 그렇지 않으면 담배권을 들고 다른 칸으로 옮겨가는 사태가 발생할 수 있기 때문이다. 일반허가인 경우 이 특약이 쉽지 않다. 일반허가에 이 특약을 적용하면 결국 편의점 본사는 건물주가 월세를 올려달라는 대로 올려줘야 하는 불리한 상황이 발생하므로 특약요구를 거절하기 때문이다.

3. 평수허가 : 실 평수(매장면적) 100㎡(30.25평) 이상 허가

2009년 11월부터 지자체별 별도시행허가를 하고 있는 제도인데, 이 규정을 삭제한 지자체도 많다. 평수허가는 거리제한(50m)이나 건물층수(6층)나 연면적(2,000㎡)과는 상관없이 단지 실 평수(매장면적)가 30.25평 이상이면 허가를 내주는 제도로, 일부 지자체는 여전히 시행하고 있는 곳이 있으니 사전에 지자체에 문의하기 바란다. 실제 내가 한 회원의 편의점에 담배권 획득을 조언해준 사항도 이 제도였다(일부 지자체는 30.25평보다 더 큰 면적을 요구하는 경우도 있으므로 자세한 사항은 관할 지자체에 문의하자). 단, 매장면적을 계산할 때 라면 먹는 곳, 온수기, 워크인쿨러의 절반, 창고면적은 제외한다. 따라서 실제로는 실 평수 35평 이상은 되어야 한다.

상황별 담배권 희노애락

1. 갑자기 대각선 횡단보도가 생긴다면?

원래는 네모(□)모양 횡단보도였는데 가운데 ×모양의 대각선 횡단보도 선이 그어진다면 어떨까? 이런 경우 교차로의 녹색 신호가 한 번에 들어오는데, 보행자 입장에서는 길 건너기가 한결 수월해졌다고 할 것이다. ㄱ형태로 꺾어 지나야 하는 교차로를 대각선으로 한 번에 건널 수 있기 때문이다. 하지만 단순히 보행편의 개선으로 보일 수 있는 대각선 횡단보도로 인해 편의점에 희비가 나뉜다는 사실을 알고 있는가?

대각선 횡단보도의 모습

　예를 들어 대각선 방향으로 마주보고 있는 두 군데 편의점이 있다고 하자. 네모(□)모양 횡단보도일 때는 ㄱ형태로 꺾어 길을 건너야 하므로 두 편의점 거리가 50m 이상이어서 둘 다 담배권이 나왔다. 하지만 대각선 횡단보도가 생기고 나서부터는 한쪽 편의점 사업자명의가 변경되면 담배권이 취소된다. 왜냐하면 대각선으로 인해 두 편의점 사이 거리가 50m 이내로 좁아졌으니 신규 편의점 사업자에게 담배허가가 나지 않는 것이다.

　실제로 내 지인이 편의점을 운영하는 임차인이었는데, 편의점 본사와 건물주에게 큰소리치던 기억이 있다. 이유는 "건물주가 월세를 올려달라고 하면 나는 나갈 것이고, 내가 나가면 담배권이 없어질 것이다. 그 사이 경쟁업체에서 담배권을 취득할 것이므로 이 자리는 담배권을 얻을 수 없는 자리다. 담배권이 없으면 편의점이 들어올 수 없으니 본사도 손해고 결국 건물주도 손해이지 않은가? 그러니 월세를 올리지 말고 그대로 지속하길 바란다"며 말이다. 이것은 웃지 못할 실제 풍경으로, 대각선 횡단보도가 편의점을 운영하고 있는 임차인에게 힘을 실어준 사례다.

2. 입점할 건물 층수 및 인근 건물 층수 확인

본인이 분양(매수)받을 상가가 5층 건물인지, 6층 건물인지 그리고 주변에 들어서는 건물이 5층 건물인지, 6층 건물인지 잘 파악해야 한다. 5층 건물은 50m 거리규제(일부 지자체는 100m)를 적용받아 일정 거리가 떨어져야 담배허가가 나는데, 6층 건물은 거리제한을 받지 않고 구내허가가 날 수 있기 때문이다. 다만 지자체마다 심사기준이 다를 수 있으니 상가 계약 전 먼저 구청에 알아봐야 한다. 또한 상가의 길이가 길면 한 상가에서 두 개의 담배허가도 가능하고, 건물이 크면 구내허가도 두 개가 가능하다(사전에 지자체에 문의할 것).

3. 담배권 직권취소 여부 확인

빈 가게라면 앞 사람(또는 근처 50m이내 담배가게)의 폐업 여부를 확인해야 한다. 이는 매우 중요한 사항으로 담배사업법 제17조제1항의 5호, 6호를 근거로 소매인 지정을 취소할 수 있기 때문이다.

> **담배사업법 제17조(소매인 지정의 취소 등)**
>
> ① 시장·군수·구청장은 소매인이 다음 각 호의 어느 하나에 해당하는 경우에는 그 지정을 취소해야 한다.
>
> 5. 폐업신고 또는 휴업신고를 하지 아니하고 60일 이상 영업을 하지 아니한 경우
>
> 6. 정당한 사유 없이 90일 이상 제조업자, 수입판매업자 또는 도매업자로부터 담배를 매입하지 아니한 경우

앞 사람(또는 근처 50m이내 담배가게)이 담배점포 폐업을 안 했어도 담배판매를 60일 동안 하지 않거나, 담배매입을 90일 동안 하지 않으면 해당 소매점에 대한 담배소매인 지정이 직권취소가 된다. 그러면 다른 사람에게 담배허가권이 나올 수 있으니 담배권을 얻지 못한다고 미리 낙담하지는 말자. 이와 반대로, 담배권이 있다고 그 상가를 인수했는데 계약금을 걸자마자 담배권이 직권취소된 경우도 있다. 이때 인근의 다른 사람이 담배권을 먼저 취득했다면 담배권을 믿고 상가를 인수한 사람의 낭패가 예상되는 순간이다.

담배권은 통상 전 사업자의 취소가 이뤄진 후 해당 구역 내 담배소매인지정 공개입찰공고가 나온다. 이때 같은 자리의 새 사업자가 담배권을 신청하면 새 사업자에게 담배권이 부여되는 경우가 많다. 담배권은 인수인계는 되지 않지만 담배를 파는 위치가 자주 변경될

경우 소비자의 혼란을 불러올 수 있어 편의의 측면에서다. 하지만 직권취소되고, 같은 자리의 새 사업자의 신청이 없는 상태에서 인근의 다른 신청자가 있다면 그 사람에게 담배권이 허가될 것이다.

4. 가오픈으로 담배권 당첨 확률을 높이는 꼼수

담배권을 받고자 하는 자가 다수인 신축상가는 담배권을 추첨한다. 따라서 신축상가는 담배권의 취득 여부가 불확실한데, 이런 측면에서 담배권을 노리는 꼼수가 등장하기도 한다. 장애인에게 우선권을 부여하는 규정을 악용해 장애인 명의를 빌리기도 하고, 당첨 확률을 높이려 여러 개의 마트 간판을 거는 경우도 있다.

한 지역에서 실제 일어난 사례다. 이 건물은 1층에 4개의 점포가 있었고, 이중 한 곳은 편의점 운영만 가능한 곳이었다. 박영진(가명) 씨는 이 편의점 자리를 분양받아 개점을 준비하고 있었다. 하지만 어찌된 일인지 같은 상가 내 자유업종 선택이 가능했던 다른 점포 3개점을 분양받은 한 법인이 각각 다른 이름의 마트간판을 걸며 임시 오픈을 하고 나섰다.

이후 이 법인은 3개 점포의 임차인을 각각 달리해 담배권 신청에 나섰고, 추첨을 통해 담배권까지 얻었다. 박영진 씨가 1개 점포를 통해 담배권을 가져갈 확률은 25%였던 반면 해당 법인이 3개의 점포를 통해 담배권을 따낼 확률은 75%였기 때문이다. 더욱 기가 막힌 일은 담배소매권을 따낸 뒤 되파는 방식으로 수수료를 챙기는 실정이다. 결국 정당하게 담배권에 입찰한 사람은 낙오되고 마는 슬픈 현실인 것이다.

담배권 당첨 확률을 높이기 위해 3개 마트의 간판을 건 모습

Part 4

성공한
상가 투자의
특급 전략

Learn more

ABOUT

REAL ESTATE INVESTMENT

인적 없는 곳에서 성공한 영업점의 비법

'거주인구 및 유동인구가 많고 상권이 좋은 곳에 위치한 가시성 좋은 1층 상가가 좋다'라는 건 누구나 다 아는 사실이다. 문제는 이런 곳의 상가는 가격이 비싸다는 것이다. 투자금이 적은 사람에게는 그림의 떡이다. 또한 비싼 가격 대비 영업능력을 발휘해줄 우량 임차인이 구해졌느냐에 따라 상가의 가치가 달라진다. 입지 좋은 곳의 1층이 월세 부담으로 공실인 경우도 많다. 공실이어도 당장 월세를 내리는 것은 쉽지 않다. 수익성 부동산인 상가는 월세를 내리는 순간 매매가도 같이 내려가는 부작용이 나타나기 때문이다. 높은 비용을 들여 상가를 샀는데 월세를 내리는 순간 손해로 연결된다. 그러므로 우리는 '적은 투자금으로 어떻게 하면 높은 수익률을 얻을 수 있을까?'

를 고민해봐야 한다. 그런 의미에서 다음의 사례를 통해 선배 투자자들이 어떤 노하우를 발휘했는지 배워보기로 하자.

1. 눈으로 마시는 커피로 성공한 커피숍

커피숍은 유동인구가 많아야 한다고 생각한다. 물론 맞는 말이다. '그렇다면 사람이 거의 살지 않는 곳에서 커피숍을 열 수 있는 방법은 없을까?' 바로 이런 의문에서 착안한 아이디어로 매출 고공행진을 하고 있는 매장이 있다. 사람이 거의 살지 않는 곳에 출점한 커피숍이 매출이 높게 나타나고 있는 이유가 뭘까? 바로 콘텐츠를 연결했기 때문이다.

거주인구가 거의 없는 커피숍 인근

지도에서 보듯, 커피숍 인근에는 거주인구가 거의 없다. 그런데 왜 사람들은 춘천까지 가서 다른 커피숍들을 두고 굳이 이 커피숍에 가게 될까? 이 커피숍이 유명한 이유는 바로 하늘을 걷는 듯한 '스카이워크'와 '전망대'가 있기 때문이다.

커피숍 내 스카이워크

커피숍 내 전망대

스카이워크 및 전망대에서 사진을 찍으면 마치 구름 위에 떠 있는 듯한 기분이 들어 고객들의 발길을 사로잡는다. 이 커피숍은 커피를 단순히 '마신다'는 개념이 아니라 '보고 느낀다'는 개념으로 승화시킨 것이다. 더군다나 SNS의 발달로 체험한 것을 서로 공유하는 문화가 자리잡다보니 더욱 입소문을 타고 유명해졌다.

2. 주차가 쉬운 편의점

편의점은 유동인구와 밀접한 관계가 있는 업종이다. 오가며 쉽게 물건을 구입하기 때문이다. 그렇다면 유동인구는 적은데 오가는 차량은 많은 곳의 편의점이 잘될까? 물론 경우에 따라 다르겠지만, 주차가 수월하다면 편의점 영업은 잘된다.

길가 주차가 용이한 편의점

사진에서 보이는 편의점 상가는 매입 단계에서부터 내가 조언했던 곳으로, 1억 원대에 매입한 상가가 현재 월세가 300만 원 나올 정도로 그 가치가 매우 높아진 곳이다. 5% 수익률로 계산하면 매매가는 7억 2,000만 원, 4% 수익률로 계산하면 매매가는 9억 원에 육박한다. '잘 키운 상가, 열 아들 안 부럽다'는 이야기가 꼭 들어맞는 곳이다.

과거를 묻지 말자!
건물의 변신은 무죄

1. 외면 받던 건물에서 스타 건물로 변신하다

스타벅스, 맥도날드, 롯데리아 등의 DT(drive-through, 자동차에 탄 채 물건을 살 수 있는 곳)매장이 늘고 있다. 업체에서 공격적으로 DT매장을 늘리는 이유는 수익성이 좋아서이다. 일반 매장에 비해 DT매장이 20~40% 가량 매출이 더 많다는 분석이다. DT매장의 특성상 차량이 회전할 수 있는 공간이 필요하다보니 일반 매장에 비해 넓은 부지를 필요로 한다. 이렇다보니 오래된 주유소, 낡은 공장, 모델하우스, 개인 주택 등 부동산 시장에서 외면받았던 장소들이 성공한 DT매장으로 속속 등장하고 있다. 특히 주유소의 경우 폐업 시 토지정화 및 철거비용이 1억 5,000만 원에서 2억 원 가량 든다. 그래서 폐업할 돈이 없어 휴업 중인 주유소도 많다. 이런 곳들이 돈이 급한 사정으로 싸게 급매로 나오는 경우가 있다. 이를 매수해서 스타벅스나 맥도날드 등으로 탈바꿈시키면 토지가격이 급등하는 경우가 많다.

오래된 주유소가 스타벅스 DT매장으로 변신하면서 시세가 급등했다

낡은 음식점을 인수해 스타벅스 DT매장으로 변신하며 수억 원의 시세 차익을 거뒀다

2. 방울 만드는 공장이 커피숍으로 변신하다

부산 영도에 '신기산업'이란 커피숍이 있다. 원래 신기산업은 방울을 전문적으로 만드는 금속제조업체인데, 사옥을 커피숍으로 전환한 아이디어가 돋보이는 곳이다. 멋진 발상의 전환으로 이곳은 원도심을 대표하는 핫플레이스가 됐다. 컨테이너를 쌓아 만든 이 커피숍은

부산항대교를 멋진 각도에서 내려다볼 수 있다. 층마다 통유리로 되어 있어 바다를 감상하기에 좋기 때문이다. 특히, 5층 루프탑에 올라서면 탁 트인 바다 건너편으로 부산항부터 오밀조밀 건물들이 모여 있는 부산의 모습까지 조망할 수 있어 인기가 높다.

신기산업 커피숍 건물

신기산업에서 바라본 야경

3. 수영장이 커피숍으로 변신하다

수영장은 수영하는 곳이다. 하지만 발상을 전환하면 수영장이 커피숍으로 변신할 수도 있다. 실제로 부산 영도의 '젬스톤'은 수영장을 커피숍으로 개조한 곳으로 독특한 콘셉트를 추구해 많은 사람의 발길을 사로잡고 있다. 수영장 풀을 그대로 살린 파란 바닥과 벽의 타일, 넓은 공간에는 감각적인 디자인의 테이블과 의자를 배치했다. 이곳은 단순히 커피만 마시는 게 아닌 피서 온 기분을 동시에 느낄 수 있는 커피숍으로 고객에게 신선한 자극을 선사하면서 큰 인기를 끌고 있다.

수영장을 개조해 만든 커피숍 젬스톤

4. 마음까지 전하는 빵

　빵집을 운영하는 한 회원이 내 상가 강의를 듣게 되었고, 빵집 운영을 심각하게 고민했다. 당시 오래된 건물에 권리금 6,000만 원을 내고 들어가서 빵집을 운영하고 있었는데, 건물주가 건물을 재건축하면 권리금을 회수하지 못하고 그대로 나가야 하는 상황이 두려워진 것이다. 요즘은 그나마 많이 좋아졌지만 3~4년 전에는 재건축을 하면 권리금 회수도 못하고 꼼짝없이 쫓겨나는 경우가 많았다. 그래서 한발 빠르게 대처하기 위해 가게를 내놨고, 후임 임차인과 권리금 계약까지 잘 마친 후 상가를 인계했다. 그 후 이 회원은 재건축을 바라보고 허름한 건물을 매입해 빵집을 차렸다. 대로변도 아닌 위치에서 빵집으로 성공하려면 콘셉트가 필요한 것을 깨닫고, 그만의 빵을 만들기 시작했다. 바로, 마음까지 전해지는 주문제작 케이크였다. 이 케이크는 특별한 날 의미 있는 선물을 하려는 고객들의 마음을 움직여 전국에서 주문이 이어지고 있다.

직접 그림과 문구를 새겨 탄생한 세상에서 하나밖에 없는 케이크

<Plus tip>
투덜이는 그만!

"요즘 장사 잘 되십니까?"라고 물으면, "지나다니는 사람이 없어 장사가 안돼요", 또는 "경쟁업체가 많아 힘들어요"라고 투덜거린다. 같은 상가 매물을 봐도 "누가 이런 건물을 삽니까?", "에휴, 딱 봐도 망할 것 같네" 등의 말도 서슴없이 한다. 하지만 누군가는 그런 건물을 사서 큰 수익을 내고 있고, 경쟁업체가 많은 속에서도 독특한 콘셉트로 사람들의 이목을 끌고 있다. 그러니 제발 상가를 사거나 사업 아이템을 구상할 때 틀에 박힌 사고는 피했으면 한다. 남이 잘되는 모습을 보고 괜히 배 아파하지 말고 그 과정에서 배웠으면 한다. 그 사람이 뛰어났던 점, 내가 부족했던 점을 깨닫는 과정에서 실력이 자란다. 핑계대고 불평만 하면 발전도 없고 수익도 없다.

장사 안 되는 C급 상가를
A급 가치로 바꾸다

10여 년 전 어느 날, 한 회원의 전화를 받았다.

"길목님, 제가 상가를 사려고 돌아다니다가 한 상가 매물을 봤는데 위치가 마음에 들지 않아 망설여지네요."

"지역이 어딘데요?"

"창원의 아파트 단지 내 상가인데, 상가 위치가 뒤에 붙어 있어서 영 애매해 보여요."

"그런가요? 저와 함께 직접 현장을 살펴보시지요."

"감사합니다. 길목님이 봐주신다면 저야 천군만마를 얻은 것과 다름없지요."

이렇게 약속을 하고 회원을 현장에서 만났다. 전화로 들은 것과 같이 해당 상가는 단지 내 상가로, 도로와 붙은 쪽이 아닌 안쪽에 위치한 1층 상가라 좋은 위치는 아니었다. C급 정도의 위치라고 하겠다. 같은 단지 내 상가라도 도로와 붙은 상가라면 접근성과 가시성이 좋아 도로를 다니는 차량 통행자들이 잠재 고객이 될 수 있지만, 이 상가는 안쪽에 붙어 있어 도로에서 전혀 보이지 않는 곳이었다.

그때 내 눈을 사로잡은 게 있으니, 바로 상가의 업종이 작은 마트라는 것이다. 조사해보니 관리규약에 따라 독점으로 영업할 수 있는 자리였다. 600세대 아파트 단지 내 독점마트라……. 입지는 좋지 않지만 그럼에도 세대수를 감안하면 일정 매출이 유지될 터였다. '이런 곳이 왜 매물로 나왔을까…….' 나의 의문은 여기서부터 시작됐다. 뭔가 이유가 있을 터였다. 자고로 좋은 물건을 사려면 상대방의 사연을 알아야 한다. 왜 팔려고 내놨는지 말이다. 상대방이 애가 탈수록 좋은 물건을 살 기회가 커진다.

안쪽에 위치한 아파트 단지 내 상가

본격적인 사연 취재에 들어가다

나는 마트의 일 매출을 가늠하기 위해 하루 종일 서서 마트에 드나드는 사람의 수를 세었다. 하지만 어찌된 영문인지 마트를 드나드는 사람이 없었다. 꼬맹이 어린이조차 마트에 들어가지 않고 굳이 4차선 도로를 건너 반대편에 있는 마트를 이용하고 있었다. 위험천만해 보였다. 신호등 없이 횡단보도만 그려져 있는 도로를 어린 아이들이 건너는 것이다. 단지 내에 마트가 있다는 것을 모를 리 없을 텐데 말이다. 너무 궁금해 길을 건너오던 아이에게 물었다. 아이 손에는 방금 산 듯 보이는 500원짜리 과자 봉지 하나가 들려 있었다.

"애야. 왜 여기 마트서 안 사고, 위험하게 길 건너 마트까지 다녀온 거야?"

"이거 말이에요? 우리 엄마가 여기서 사지 말고, 저 건너서 사랬어요."

아이는 내게 과자 봉지를 흔들어 보이며 말했다.

"아…, 그렇구나. 왜 엄마가 그렇게 말씀하셨을까?"

"여기 아저씨가 나쁘대요. 그래서 여기서 사지 말래요."

이렇게 말한 아이는 과자 하나를 꺼내 오독오독 씹으며 유유히 지나갔다. 다른 아이에게도 같은 질문을 했지만 돌아온 대답은 한결같았다. 엄마가 여기 마트에서 사지 말라고 했다는 것이다. '왜 그럴까?' 뭔가 이유가 있을 것이다. 일단 회원과 함께 철수한 나는 다음 날 또다시 상가를 찾아갔다. 회원에게는 조사할 시간을 며칠 달라고 했다. 나는 시간대를 달리해 마트에 드나드는 사람의 수를 조사했다. 하지만 어제와 마찬가지로 드나드는 사람이 거의 없었다.ND 자세한 이유를 알아내기 위해 놀이터, 경로당 등을 찾아가 주민들을 상대로 탐문에 나섰다. 넉살좋은 이웃집 청년의 모습으로 말이다.

인심 잃은 마트 사장님

몇 시간 조사에 나서자 이윽고 원인이 밝혀졌다. 왜 단지 주민들이 이 마트를 이용하지 않고 굳이 먼 마트를 찾아 나서는지 말이다. 바로 마트 주인이 주민들에게 인심을 잃었기 때문이었다. 사실 이 마트는 50대 남자 상가 주인이 직접 마트를 운영하고 있었다. 처음 오픈한 뒤 약 6~7년 동안은 매우 성실히 마트 운영을 잘했다고 한다. 하지만 일정시간이 지나자 매너리즘에 빠졌는지 사장님은 마트 운영에 소홀했다. 더군다나 신경은 더욱 예민해져 깐깐하게 굴기 시작했다. 그러던 어느 날 아이들의 작은 도둑질에서 사건이 시작됐다. 마트나 편의점을 경영하다보면 필연적으로 도난사건이 생긴다. 그때는 적절한 선에서 넘어가는 관용도 필요하다. '빈대 잡으려다 초가삼간 태운다'는 속담처럼, 작은 걸 잡기 위해 깐깐하다보면 큰 걸 잃을 수 있기 때문이다. 하지만 마트 사장님에게 그런 속담은 통하지 않았나보다.

500원짜리 젤리 또는 1,000원짜리 껌 한 통 훔치는 아이에게 버릇을 고친다는 명분으로 훈계는 기본이고, 뺨을 때린 경우까지 있었다고 한다. 아이는 엉엉 울면서 집으로 돌아갔고, 집에서는 난리가 난 것이다. 부모들이 마트에 찾아와 서로 언성을 높였다. 아이 잘못은 인정하지만 누가 그런 식으로 아이를 체벌하라고 했는지 따지면서 말이다. '고소한다'는 말도 오갔다고 한다. 이런 경우가 한두 번이 아니다보니 마트는 아파트 내에서 인심을 완전 잃었다. 부모들은 물론,

아이들에게도 절대 이 마트를 이용하지 말라고 당부했다고 한다. 그래서 아이들이 굳이 길을 건너면서까지 먼 마트를 다녀오는 것이다. 횡단보도를 건너다니는 일이 번거롭지만 다른 마트를 이용하는 게 주민들의 마음을 훨씬 편하게 했다.

그러다보니 마트의 매출이 일 5만 원을 넘기기 힘들 정도로 악화됐다. 설상가상 상가주인인 마트 사장님이 마산의 모 아파트의 50평형대 분양권을 갖고 있었는데, 원래는 프리미엄을 받고 팔 생각으로 분양받은 아파트인데 가격이 떨어져 잔금을 치러야 하는 상황까지 되었다. 당장 큰돈을 마련해야 하는데 돈이 없다보니 상가를 매물로 내놓은 것이다.

행동을 개시하다

모든 내부 사정을 알았으니 나도 행동을 개시할 때였다. 현재는 손님이 없어 마트 매출이 형편없지만, 주인만 바뀌면 얼마든지 매출이 상승할 여력이 충분한 곳이었다. 이 상가는 분양 당시 전용 11평에 2억 3,000만 원이었으나 5,000만 원 낮춰 1억 8,000만 원에 내놓았고 보러오는 사람이 없자 다시 1억 5,000만 원까지 떨어진 상태였다. 이 가격에 사도 충분히 승산이 있었지만 상대방 사정이 급한 만큼 더

깎을 수 있어 보였다. 옷도 허름하게 입고, 낡은 신발을 신고 가서 돈이 없으니 가격을 좀 더 깎아달라고 협상했고, 최종적으로 2,000만 원 더 낮은 1억 3,000만 원에 계약할 수 있었다. 이곳의 임대료는 보증금 2,000만 원/월 100만 원으로 11% 수익률에 육박한다.

내 덕분에 상가를 싸게 구입한 회원은 거듭 내게 감사를 표했다. 이곳은 프리미엄을 붙여 바로 팔 수도 있지만 직접 마트를 경영해도 수익성이 좋은 곳이라 운영을 권해드렸다. 회원은 내 조언대로 마트를 직접 경영하기로 했다. 오픈 날, 현수막을 붙이고 전단지를 돌렸다. 그 내용인 즉 "축 오픈, 마트 주인 바뀌었습니다"였다. 어느 것보다 흡인력 있는 강력한 문구였다. 상냥하고 인심 좋은 새 마트 사장님 덕분에 마트의 인기는 나날이 높아졌다.

이렇듯 내부에 사연이 있는 상가를 찾으면 좋은 물건을 얼마든지 싸게 살 수 있다. 단, 이런 물건을 앉아서 찾을 수 있는 건 아니다. 부지런히 발품도 팔고, 중개업소의 문턱이 닳도록 드나들어야 좋은 물건을 만날 수 있다. 다시 한 번 강조하지만, 상가 이론은 10%만 익히고 나머지는 현장에서 답을 찾아야 한다.

매도 타이밍을 잘 잡아 수익을 낸 단지 내 상가

"길목님, 요즘 꼬박꼬박 월세 잘 나오는 상가를 갖고 있으니, 열 아들 안 부럽습니다."

수업시간에 나를 만난 50대 회원분이 웃으면서 말씀하셨다.

"네, 2년 전에 매입하셨다는 상가 말씀이시죠?"
"맞아요. 그때 길목님 이야기를 듣고 매입한 상가인데, 임차인의 김밥집이 장사가 잘돼 제 마음도 흐뭇합니다. 월세가 아주 잘 들어와요. 은행이자보다 몇 배 높은 수익률이니 노후 걱정도 없습니다."
"좋은 소식이네요. 그런데 곧 매도할 시점이 다가오고 있습니다."

"그게 무슨 말씀이세요? 지금 장사가 잘되는 자리인데요."

"아래쪽 업무지역에 신축상가가 지속적으로 지어지고 있어요. 신축의 규모가 커서 인근 주민들의 수요를 빨아들일 거예요. 아무래도 곧 매도를 준비하시는 게 좋습니다."

"아, 그래요?"

그분은 내 말을 듣고도 아쉬움에 믿고 싶지 않은 눈치였다. 장사

해당 상가(파란 표시) 아래쪽에 들어서고 있는 대형 업무지구(빨간 표시)

잘되고 있는 상가를 처분하라니 그럴 만도 하다. 하지만 머지않아 폭풍우가 다가오는데 지금 날씨가 쨍쨍하다고 항해를 지속할 수는 없는 일이다. 서둘러 피항을 해야 그동안 잡은 물고기도 지키고, 배와 사람도 안전하다.

그분은 내 말을 듣고 해당 상가를 여러 중개업소에 내놓았고 얼마 지나지 않아 매매가 성사됐다. 매입할 때보다 3,000만 원 얹어서 말이다. 장사가 잘되고 있으니 쉽게 거래가 성사된 것이다. 그로부터 1년 후, 강의실에서 다시 그분을 만났다. 나를 보자마자 내 손을 덥석 잡은 그분이 말을 이었다.

"와, 그때 길목님 말 듣길 진짜 잘했습니다."
"네? 무슨 말씀이세요?"
"그 상가 있잖아요, 진주에 있는 단지 내 상가. 업무지역이 들어온다고 제게 팔라고 했던 거요."

회원의 말을 듣자 그때의 상가가 떠올랐다.

"요즘 그곳 분위기가 많이 가라앉았죠?"
"아휴, 말하면 뭐해요. 그때 길목님 말씀이 딱 들어맞았어요. 얼마 전에 가봤는데, 김밥집이 공인중개사 사무실로 바뀌었더라고요."

"그런가요?"

"보아하니 업무지역에 상가가 많이 들어와서 김밥집에 손님이 줄어드니 월세를 맞출 수가 없었나봐요. 그래서 장사를 그만둔 것 같아요. 후임으로 들어올 임차인도 그 월세를 감당할 수 없으니 결국 한참 시간이 지나 공인중개사 사무실이 들어온 거고요. 듣자하니 제가 받았던 때보다 월세가 많이 내려갔더라고요. 시세도 1억 원 이상 내려갔고요."

"상가를 사신 분에게는 죄송한 말씀이지만, 잘 팔고 나오셨습니다. 예측이 맞았네요."

김밥집에서 공인중개업소로 바뀐 단지 내 상가

"그러게요. 길목님 말씀을 듣고 1억 3,000만 원을 번 셈입니다. 이 은혜를 어찌 갚아야 할지……. 정말 고맙습니다."

"말씀만으로도 저는 충분합니다. 제가 말씀드린 대로 판 것은 회원님의 용기가 있었기에 가능했지요. 실제로 조언을 드려도 설마 내려갈까 싶어 팔지 않고 갖고 계신 경우도 많거든요."

그분은 연신 고맙다는 인사를 하셨다. 내 조언이 좋은 결과로 이어져 나도 흐뭇했다. 내가 강의를 지속하고 회원들의 상담을 받는 것도 이런 보람이 있기 때문이다.

이처럼 신도시, 혁신도시 등에 투자할 때는 항상 매도 타이밍을 염두에 두어야 한다. 지금 임차인의 장사가 잘되고, 월세를 잘 내고 있다고 해서 영원히 지속되는 것은 아니다. 신도시나 혁신도시는 워낙 대규모 부지에 조성되다보니 업무지역 및 상업시설이 매우 많다. 이 시설들은 계획에 의해 순차적으로 들어오는 경우가 많으므로 시점을 파악해 그 전에 팔고 나오는 전략을 구사해야 손해가 없을 것이다.

커피와 양말을 동시에 팔아 수익을 낸 상가

경남 창녕에서 커피전문점을 운영하는 김준호 씨(가명), 상가 투자에 관심이 많은 이분이 내 강의에 찾아오면서 인연이 시작됐다. 봄이 되면 유채꽃 축제가 시작되어 관광객이 많이 찾는 이곳에서 커피 맛까지 좋다보니 커피전문점 운영은 제법 잘됐다. 나도 인근에 임장을 갈 일이 있으면 종종 이곳에 들러 커피를 마시곤 했다. 그렇게 손님을 모으며 잘되던 커피 전문점이 인근에 경쟁 커피숍들이 들어서며 매출에 영향을 받기 시작했다. 초창기 커피숍이었던 이곳 인근에 그 사이 열 개가 넘는 커피숍들이 생긴 것이다. 위치도 좋고 가시성도 좋은 상가였지만 커피숍이 난립하다보니 어쩔 수 없이 타격을 받았다.

해당 커피전문점 전경

김준호 씨는 이 상황을 어떻게 극복할 수 있을지 고민했다. 여러분이라면 어떻게 극복하겠는가? 커피값을 내려 인근 커피숍과 차별화할 것인가? 하지만 이는 쉽지 않았는데, 우선 가맹점 커피숍이었기에 커피값을 마음대로 내릴 수 없었다. 또한 내린다한들 그만큼 수익이 줄어들고, 인근에 저가형 커피숍도 있었기에 가볍게 접근할 일이 아니었다.

고심한 김준호 씨의 머릿속에 불현듯 아이디어가 떠올랐다. 바로 '양말'이었다. 커피숍에서 양말을 팔면 어떨까 하는 생각이었다. 다소 뜬금없다고 생각될 수 있으나 나름 고심한 끝에 나온 아이디어였다. 김준호 씨가 생각한 양말 판매의 장점은 크게 다섯 가지였다. 첫째,

재고 걱정이 없다. 둘째, 아이부터 어른까지 소비층이 넓다. 셋째, 투자 금액이 적으며 별도의 인건비를 요하지 않는다. 넷째, 가격에 부담이 적어 충동구매가 가능한 상품이다. 다섯째, 개당 금액은 저렴하지만 기본 몇 개씩 구입하는 경우가 많다.

다행히 가맹점 본사는 가맹점주의 타 물건 판매에 이의를 제기하지 않아 김준호 씨는 가게 한쪽에 양말을 들여놨다. 과연 결과는 어떻게 됐을까? 임장 차 김준호 씨의 가게에 들른 나는 양말 매출을 듣고 깜짝 놀랐다. 한 달에 수십만 원의 순이익이 나면서 커피숍에서 줄어든 매출이 상쇄되었다는 것이다. 이 사례를 통해 상가 전문가인 나도 한 수 배웠다. 발상의 전환이 답임을 말이다.

관광아이템 덕분에
시세가 오른 상가

사람이 모이는 곳에 돈이 모이는 것은 당연한 이치다. 그래서 우리는 상권 분석 및 입지선정을 위해 거주인구와 유동인구를 조사한다. 사람이 많이 모이는 곳의 상가는 가격이 높다. 사려고 보면 이미 오른 가격에 그림의 떡인 경우도 많다. 그렇다면 합리적인 투자를 위해 어떻게 해야 할까? 아직 사람이 많이 모이지는 않지만 향후 많이 모일 것으로 예상되는 곳을 선점하면 좋지 않을까? 지금부터 관광아이템 덕분에 시세가 크게 오른 관광지 주변 상가 두 곳을 살펴보자.

무빙보트 운영으로 관광객을 유치한 용지호수

창원시 의창구의 용지호수공원 내에 있는 용지호수에 2017년 9월부터 이색 수상레저시설로 조성한 무빙보트가 운영되기 시작했다. 이 무빙보트는 최대 8명이 탈 수 있는 보트로 전기충전식이어서 누구나 쉽게 조작할 수 있고, 준비해온 식음료를 즐기며 카페 분위기도 연출할 수 있어 남녀노소 누구에게나 인기 만점이다. 야간에는 보트에 LED 조명이 들어와 호수의 야경과 함께 환상적인 분위기가 연출되어 연인들에게 특히 인기가 높다. 운영 시작 열흘 만에 5,000명을 돌파할 정도로 큰 인기몰이를 했는데, 창원시 주민뿐만 아니라 부산 등 인근 지역에서도 관광객이 몰렸다.

용지호수공원 내 음악분수대와 무빙보트의 모습

용지호수와 인접한 곳(빨간 표시)에 위치한 상가

덕분에 용지호수와 가까운 곳에 위치한 상가의 월세가 많이 올랐다. 월세가 오른 만큼 시세도 상승했지만, 모든 상가가 그런 것은 아니다. 뒤편에 위치한 상가는 월세가 거의 오르지 않았다. 용지호수를 찾은 많은 관광객이 가장 먼저 접하는 상가 및 호수의 조망권이 확보되는 상가의 가치가 크게 오른 것이다.

해상케이블카 개통으로 명소가 된 송도해수욕장

부산에도 관광아이템에 의해 상가 가격이 오른 곳이 있다. 바로 송도해수욕장이다. 원래 송도해상케이블카는 1964년 민간사업가에 의해 설치됐다. 하지만 각종 쓰레기와 생활오수의 유입으로 송도해수욕장의 수질이 오염돼 사람들의 발길이 줄어들면서 적자를 견디지 못하고 1988년 중단됐다가 이후 2002년 철거되었다. 그러다 송도해수욕장이 재정비되어 깨끗해지고 관광지로서 다시 인기를 끌게 되자 재가설되어 2017년 6월부터 정식 운행에 들어갔다. SNS 등에서 인기를 모으고 있는 송도해상케이블카는 꼭 들러야 할 관광명소로 많은 이들의 사랑을 받고 있다.

송도해상케이블카가 개통되면서 관광객이 크게 늘어났고, 해수욕장 인근 부동산 가격도 많이 올랐다. 상가마다 프랜차이즈가 입점하면서 임차료 상승에 기여를 하고 있다. 앞선 창원의 용지호수 사례와 같이 이곳도 케이블카가 설치되기 전, 한발 빨리 투자한 분들은 톡톡히 오른 시세를 누리고 있다.

송도해상케이블카

송도해수욕장의 스카이워크

송전탑 철거로
시세 차익을 얻다

앞서 관광아이템으로 시세가 오른 창원과 부산의 상가 사례를 살펴보았다. 여기서 배워야 할 점은 관광아이템 정보를 먼저 선점하려는 자세다. 무빙보트가 운행되기 전, 케이블카가 설치되기 전에 상가를 매입했다면 오른 월세 및 시세 차익을 톡톡히 누릴 수 있었을 것이다. 많은 회원 분들이 "그런 정보를 일반인이 어떻게 알 수 있을까요?"라는 말씀을 하시는데, 나라고 미리 알아낼 수 있는 고위급 정보망이 있는 것이 아니다. 다만, 늘 신문과 뉴스를 빼놓지 않고 보면 어느 곳에 개발계획이 있는지, 사업 확장 및 아이템이 있는지, 악재로 작용했던 시설이 이전하는지 여부를 알 수 있다.

한 예로 순천시 도심을 살펴보자. 이 지역은 1990년대 신도시 택지로 조성되는 과정에서 고압송전시설이 설치됐다. 사진에서 보는 것처럼 도심 한복판에 15만 4,000볼트의 특고압 송전탑이 들어서 있다.

도심 한복판에 설치된 송전탑의 모습
'15만 4,000볼트 특고압 전선 감전주의'라고 적힌 현수막이 걸려 있다

송전탑은 대표적인 기피시설이다. 조망을 해칠 뿐만 아니라 건강에 큰 피해를 입힌다는 사회적 인식이 확산되었기 때문이다. 과거 송전탑이 원인으로 의심되는 피해 사례가 사회적인 이슈가 된 적이 있다. 충남 청양의 한 마을에서 8명의 암 환자가 발생했는데, 고압선로가 이 마을을 관통한 후에 대부분의 환자가 발생했기 때문이다. 고압선은 전계와 자계로 이뤄져 있는데, 전계는 인체 건강에 미치는 영향이 거의 없다고 밝혀져 있지만 자계의 영향에 대한 논란은 계속되고 있다. 국제암연구소(IARC)는 자계의 발암성에 대해 2B등급(발암 가능)으로 분류하고 있다. 실제 스웨덴과 미국, 영국 등에서는 지난 1970년대부터 전자기파로 인한 인체 피해에 대한 연구가 진행되었고, 고압송변전 시설이 백혈병과 소아암의 유력한 원인이 될 수 있다는 연구 결과가 보고되고 있다.

이러한 이유로 송전탑이 들어서면 지가가 하락하는 경우가 많다. 순천시 주민들도 지속적으로 송전탑 철거를 요구해왔지만, 한전과 순천시는 막대한 재원 부담 문제로 인해 난색을 표해왔다. 그런 가운데 예산안이 세워지고, 시의회를 통과하며 드디어 2017년 말 송전탑 25기가 철거되는 순간이 왔다. 이는 설치된 지 27년 만의 호재로, 송전탑이 철거된 지역의 지가가 상승했음은 눈 감고도 알 수 있다. 송전탑이 철거되기 전 건물을 매입해 철거 후에 효과를 톡톡히 누린 분들도 많다.

송전탑이 철거된 후의 모습

이렇듯 개발호재를 눈여겨보고, 남들보다 한발 빨리 움직여야 부동산 투자에서 성공할 수 있다. 그러기 위해서는 신문과 뉴스를 봐야 한다. 간혹 "며칠 동안 신문을 봤는데, 별 소식이 없던데요?"라고 말하는 분도 계신데, 며칠 봤으니 별 뉴스가 없는 것이다. 며칠만 밥을 먹는 게 아니듯, 신문과 뉴스도 며칠로 한정해서는 안 된다. '7월 15일에 중요한 뉴스가 나갑니다'라며 미리 광고하는 경우는 없으니 말이다. 매일 밥을 먹듯, 신문과 뉴스를 늘 함께해서 어느 날 불시에 튀어나오는 정보를 잡아내야 투자에 성공할 수 있다. 그러니 오늘부터 '1일, 1신문, 1뉴스'를 생활화해보자.

상가 전면이 벽으로 막힌 죽음의 상가에서 탈출하다

따사로운 오후, 창문으로 들어오는 햇살을 온몸에 받으며 모처럼 휴식을 취하고 있을 때 휴대전화의 벨이 울렸다. 발신자를 보니 잘 아는 동생이었다.

"여보세요. 동생, 잘 지내지?"
"형님, 아이고, 큰일 났습니다. 이를 어쩌면 좋아요."
수화기 너머로 들려오는 동생의 목소리가 다급했다.
"저번에 제가 ○○신도시에 8억 원에 분양받은 상가가 있다고 말씀드렸지요? 그게 준공이 완료되어 보러 갔는데, 상가 전면이 벽으로 막혀 보이질 않아요."

"뭐? 그게 무슨 말이야?"

"정말이에요. 벽에 가로막혔어요. 이를 어째요."

"내가 직접 현장을 보고 말을 나눠야 할 듯싶네."

전화를 끊은 나는 채비를 서둘렀다. '1층 상가가 전면이 벽으로 막혀있다니, 이게 무슨 소린가! 그럼 영업을 어떻게 하라고……. 8억 원이나 주고 분양받았다는데, 휴…….'

약속 장소로 가는 내내 마음이 요동쳤다. 내가 분양받으라고 추천한 것도 아니고, 먼저 분양을 덜컥 받고 와서는 내게 말했던 동생이었다. 참고로 나는 특별한 경우를 제외하고는 신도시의 분양상가를 반대하는 입장이다. 분양가가 높은 데다 물량이 너무 많아 완공 후에도 한참 공실이 지속되는 걸 무수히 봐왔기 때문이다. 노후를 생각해서 전 재산을 쏟아 신도시의 상가를 분양받았다가 가정이 파탄 나는 경우도 보았고, 심지어 후회와 자책으로 극단적인 선택까지 한 분도 계셨다. 그래도 다들 건물은 멀쩡했었다. 이처럼 건물이 벽으로 막혀 있는 경우는 아니었기에, 지금의 사태가 더욱 심각하게 다가왔다. 이 지역은 물량이 많기로 유명한 곳이어서 제대로 지어도 임대를 보장하기 어려운데, 하물며 전면까지 보이지 않는다면 8억 원의 가치가 말짱 꽝이 될 수도 있는 사태였다.

현장의 모습은 가관이었다. 멀쩡한 건물 앞에 1.5m 높이의 옹벽이 둘러싸여 있어 전면이 거의 보이지 않았다.

"분양받을 당시 옹벽이 세워진다는 걸 몰랐어?"

내 말에 동생은 고개를 가로저었다.

"이렇게 높은 옹벽이 세워질 줄은 몰랐어요. 조감도에 옹벽 표시가 있긴 했는데 아주 낮은 수준이었고, 상가 전면이 훤히 보이도록 그려져 있었어요. 이처럼 옹벽이 높이 세워질 줄 알았으면 어느 누가 전용면적 16평 상가를 8억 원이나 주고 분양받겠어요. 정말 미치고 팔짝 뛸 노릇입니다."

동생은 가슴을 치며 분통을 터뜨렸다.

옹벽에 전면이 거의 가려진 상가의 모습

머리 터질 각오로 부딪치다

나는 동생과 함께 씩씩거리며 분양사무실을 찾아갔다.

"이거 너무 심한 거 아닙니까? 세상에, 1층 상가 앞에 1.5m나 되는 옹벽을 쌓아놓고 8억 원에 분양하는 사기가 어디 있습니까?"

노발대발하는 나를 보고 담당자는 침착하게 말했다.

"뭔가 오해가 있으신 듯합니다. 저희는 당시 분양을 했던 분양사가 아니고, 입주를 관리하기 위해 들어온 분양사입니다. 분양하신 분은 이미 자리에 없습니다. 그럼에도 한마디 덧붙이자면, 당시 분양팀이 옹벽의 높이를 설명했으리라 생각됩니다."

"아니 뭐요? 그럼 당신 같으면 1.5m 옹벽이 세워진다는 말을 듣고 8억 원이나 되는 상가를 분양받을 거 같아요?"

"뭐, 옹벽이 조금 높긴 합니다만, 그래도 당시 분양팀이 합법적으로 분양했으리라 생각됩니다."

'가재는 게편'이라더니, 당시 분양팀을 끝까지 감싸고도는 사람을 앞에 두고 더 이상 할 말이 없었다. 우리는 밖으로 뛰쳐나왔다. 이대로 돌이킬 수 없는가 하는 불안감에 동생의 얼굴이 흙빛이 되어 있었다. 나는 동생의 어깨를 다독여줬다.

"자, 가자."
"어디로요?"
"관할 담당을 만나러 가야지. 경제자유구역청으로 가자."

동생과 나는 경제자유구역청을 찾아가 설계도면을 보기 위해 행정정보 공개를 신청했고, 담당자를 만났다.

"이거 너무한 거 아닙니까? 상가 앞에 1.5m나 되는 옹벽이 설치돼 있는데, 이런 상가를 전용면적 16평에 8억 원에 분양하라고 승인해주는 게 말이 됩니까?"
"잠시만요, 설계도면을 먼저 보고 말씀드리겠습니다."

담당자는 설계도면을 꼼꼼히 살펴보더니 말을 이었다.

"보시는 것처럼 처음부터 1.5m의 옹벽이 설계되어 있었습니다. 따라서 해당 건설사는 제대로 시공한 게 맞습니다."

설계도를 본 동생이 털썩 주저앉았다.

과장된 상가분양의 현실

그렇다면 문제는 해당 상가를 잘못 그린 조감도와 분양업자의 과장 광고였다. 동생의 말에 의하면 분양업자는 "이 상가 앞에 옹벽이 있지만, 아주 낮게 설계되어 도로에서 보이는 차와 지하 램프를 통해 주차장으로 들어가는 차에게 모두 보이는 곳이다. 다른 전면부의 1층보다 분양가도 싼 데다 코너니까 이렇게 좋은 위치가 없다"고 했다고 한다. 실제 조감도에도 옹벽이 낮게 그려져 있어 해당 상가의 전면이 잘 보였다. 하지만 문제는 분양업자의 말을 녹음해둔 자료가 없다는 것이다. 조감도에는 아래쪽에 깨알 같은 글씨로, '본 조감도는 이해를 돕기 위한 것으로 실제 모습과 다를 수 있음'이란 말도 적혀 있었다(모든 조감도에 이런 문구가 들어간다). 조감도와 달라져도 책임을 지지 않겠다는 엄포인 셈이다. 분양업자를 수소문해서 찾더라도 '나는 그런 말을 한 적이 없다'고 잡아떼면 그만이다. 결국 집으로 돌아온 나는 소송을 각오하고 판례를 찾기 시작해 그중에서 눈에 띄는 두 판례를 찾았다.

판례를 바탕으로 정면 돌파하기로 한 나는 아는 변호사를 통해 소송에 들어갈 준비를 하는 한편, 언론에 종사하는 지인을 통해 부당함을 호소하는 방안도 마련했다. 그러면서도 시행사 관계자를 만나 지속적으로 협의를 구했다. 더 이상 물러날 곳이 없었다. 어떻게든 분양 받기 전의 상태로 돌이켜야만 했다. 하루하루 피 말리는 시간이 흘렀다. 이런 간절함이 통했는지 어느 날 동생의 반가운 전화를 받았다.

서울남부지방법원 2005가합6359 판례

집합건물이 아직 완공되지 않은 상태에서 사전 분양하는 경우 수분양자는 완공된 건물을 보기 전에 분양자의 광고 등을 믿고 계약을 체결하게 된 것이므로 분양자는 완공되는 건물이 광고, 모델하우스의 설치 등에 의해 제시된 것과 동일한 정도의 품질과 수준 등을 구비하고 있다는 것을 명시적 또는 묵시적으로 보증할 것이고, 수분양자들 역시 분양자의 그와 같은 보증을 신뢰해 분양계약을 체결한 것으로 보아야 할 것이다.

대법원 2004다48515 판례

부동산 거래에 있어 거래 상대방이 일정한 사정에 관한 고지를 받았더라면 그 거래를 하지 않았을 것임이 경험칙상 명백한 경우에는 신의성실의 원칙상 사전에 상대방에게 그와 같은 사정을 고지할 의무가 있으며, 그와 같은 고지의무의 대상이 되는 것은 직접적인 법령의 규정뿐 아니라 널리 계약상, 관습상 또는 조리상의 일반원칙에 의해서도 인정될 수 있다.

"아이고 형님, 잘됐습니다. 시행사가 분양계약을 취소하고 계약금과 중도금을 돌려준다고 합니다."

"정말이야? 너무 잘됐다."

이렇게 그 동생은 계약금과 중도금을 돌려받아 악몽 같은 상가에서 탈출할 수 있었다. 자칫 8억 원의 돈이 그대로 허공에 날아갈 뻔했는데, 악착같이 움직인 덕분에 좋은 결과를 맞이할 수 있었다.

이 사례를 통해 보았듯 여러분들도 어려운 상황을 맞았을 때 쉽게 포기하지 않았으면 한다. 하늘이 무너져도 솟아날 구멍은 있고, 사람으로서 해야 할 일을 다 하고 나서 하늘의 뜻을 기다린다는 '진인사대천명'이라는 말도 있지 않은가! 세상에 쉽게 버는 돈은 없고, 더욱이 쉽게 포기하는 돈도 없어야 한다. 부동산 투자를 하다보면 매번 벌기만 할 수는 없다. 벌기도 하고, 잃기도 하면서 실력을 쌓는 게 이 세계지만, 허무하게 허공에 날리는 일은 없어야 할 것이다. 그러기 위해서는 손해를 만회하기 위해 끈질기게 노력하는 자세가 필수다.

편의점 입점을 목표로 지어
시세가 크게 오른 건물

이날도 많은 호응 속에 상가 강의를 마쳤다. 강의를 통해 많은 정보를 나눠드리고 나면 뿌듯함이 느껴진다. 테이블에 놓인 커피 한 잔으로 목을 달래며 노트북을 정리하고 있는데, 한 중년 여성분께서 다가오셨다.

"저……, 길목님. 뭐 하나 여쭤봐도 될까요?"
"네, 얼마든지 물어보세요."
"제가 가진 단독주택이 하나 있는데, 어떻게 해야 좋을지 몰라서요. 남들은 부동산 재테크도 많이 한다는데, 저는 이 방면에는 영 소질이 없거든요. 이 단독주택을 팔아야 할지, 아니면 부동산 재테크를

할 다른 방법이 있는지 궁금해서요."

"주소가 어떻게 되시죠? 지도에서 보고 말씀드릴게요."

"○○동 ○○번지랍니다."

주소를 들은 나는 바로 노트북에서 지도를 펼쳐 주소를 입력했다. 로드뷰를 보니 과연 주황색 벽돌로 지은 2층 단독주택이 보였다.

해당 단독주택의 모습

이 단독주택은 주택가 교차로에 붙은 코너 자리로 위치가 좋았다. 도보 10분 거리에 대학교가 있어 대학생들의 임대 수요가 많아 보였다. 토지이용계획서를 발급해보니 2종일반주거지역이어서 건폐율과 용적률을 감안하면 4층까지 건물을 지을 수 있을 듯했다.

"위치상 단독주택을 허물고 4층 건물을 지으면 임대수요도 풍부하니 더 이득이 될 듯합니다. 주택밀집 지역이고, 코너 자리라 위치가 좋으니 1층에는 편의점을 입점시키면 월세도 높게 받을 수 있어 일거양득일 듯 보입니다."

"그런데 30m도 안 되는 거리에 슈퍼마켓이 있어요. 사실, 다른 곳에서도 물어봤는데 슈퍼가 있어서 편의점이 안 된다는 말을 들었어요."

그분은 내 강의를 듣기 전에 몇몇 전문가의 부동산 강의를 들었고, 같은 질문을 해본 듯했다. 그리고 편의점 입점은 안 된다는 대답을 듣고 힘들게 건물을 짓느니 그냥 단독주택인 상태로 파는 게 낫지 않을까 고민했다고 한다. 그러던 중 내 강의를 들었고, 내게도 같은 질문을 한 것이다.

"그 슈퍼마켓에서 담배를 팔고 있나요?"

"네, 팔고 있어요. 그래서 제가 건물을 지어도 50m 거리제한에 걸려 담배권을 획득할 수 없으니 편의점이 안 된다는 말을 들었어요."

"네, 담배권은 편의점 영업에서 빼놓을 수 없는 중요한 판매권이니 담배권 없이 편의점 영업을 한다는 건 위험부담이 크죠."

"그럼, 기존의 슈퍼마켓이 문을 닫기 전에는 편의점이 입점할 수 없는 게 맞는 건가요?"

"꼭, 그런 건 아닙니다. 거리가 가까워도 담배권이 나오는 경우가 있습니다."

"네? 정말요?"

"담배권의 종류는 세 가지가 있거든요."

나는 세 가지 담배권의 종류를 말씀드렸다. 첫째는 50m(일부 지역은 100m로 변경)의 거리제한이 있는 일반허가이고, 둘째는 6층 이상 건물에 해당하는 구내허가이다. 셋째 허가는 일정 평수 이상이면 담배허가를 내주는 규정이다. 단, 셋째 허가의 규정은 거의 대다수 지자체에서 사라진 규정이다. 일정면적 이상이면 담배허가가 나오다보니 인

건물이 들어서고 1층에 편의점이 입점했다

근 영세슈퍼가 사라지는 부작용이 생겼기 때문이다. 하지만 일부 지역에서는 여전히 이 규정이 유지되고 있다. 다행스럽게도 회원의 지역은 세 번째 규정이 유지되고 있는 지역이었다(담배권에 관한 자세한 사항은 Part3.에서 '편의점 입점, 반드시 담배권을 획득하라' 부분 참조).

나는 여성분에게 시청 담당자에게 평수 규정에 의한 담배권에 대해 문의해보라고 말씀드렸다. 그리고 건축을 할 때는 반드시 규정 면적 이상이 나오도록 설계에 신경 써달라는 말도 덧붙였다.

시간이 흐른 뒤, 해당 자리에는 4층 규모 건물을 착공했다. 그 사이에도 여성분은 틈틈이 내게 궁금한 점을 물어왔고, 나는 성심껏 답하며 좋은 결과가 나올 수 있도록 도왔다. 이윽고 건물이 들어섰고, 1층에는 편의점이 입점했다. 물론 담배권을 갖고 말이다. 건물주는 편의점으로부터 높은 월세를 톡톡히 받고, 건물 임대수익까지 얻고 있어 건물의 가치가 매우 높아졌다. 상담을 해드린 나도 매우 흐뭇한 사례였다.

마트 자리에 편의점을 넣고
두 배 오른 월세

편의점이 입점하면 임대료가 높아지는 경우가 많다. 편의점 점포 개발팀 등에 문의를 하면 실사를 나오고, 상권과 입지, 경쟁업체 등을 분석한 뒤 예상 매출액을 산정, 이 기준으로 월세를 얼마로 할지 협의하는 식인데, 이때 월세는 보통 주변 건물의 월세보다 높은 경우가 대다수다. 수익형 부동산인 상가의 월세는 건물 시세에 큰 영향을 미치므로 꿩 먹고 알 먹는 전략이다. 그래서 편의점을 입점시키면 시세가 오른다는 이야기가 여기에서 나온다.

한 예로 기존에 마트가 있던 자리에 편의점을 입점시킨 사례가 있었다. 마트일 때 월세가 150만 원이었는데, 편의점 입점 후 월세가 280만 원으로 수직상승해 월세 차익과 함께 매매시세도 크게 상승했다. 물론 월세를 협상할 때 협상력은 필수다. 편의점 업체에서도 기존 월세를 알고 있으므로 먼저 '280만 원을 드리겠습니다'라고 나오는 경우는 없기 때문이다. 기존에 150만 원의 월세를 받는 상가 주인에게 180만 원의 월세를 제시했을 때, 그것을 덥석 받아들이면 그대로 월세가 확정되는 것이다. 그래서 협상력이 필수이다. 위 사례도 서로 밀고 당기는 협상 끝에 최종적으로 280만 원의 월세에 사인을 한 것이다.

마트 자리에 편의점을 입점시켜 월세가 급등한 건물

입지 좋은 1층 상가를
평당 1,300만 원대에 구입하다

　신축상가의 고분양가 논란에 대해 앞서도 여러 차례 말했다. 고분양가인데다 물량이 많다보니 준공 후에도 오랫동안 공실로 방치되는 경우가 많다. 위례, 미사, 다산, 세종 등의 신도시상가 분양가는 1층을 기준으로 3.3㎡(1평) 4,000~5,000만 원이었다. 50평을 분양받으면 전용면적은 25평 내외인데, 분양가가 20~25억 원에 육박하는 것이다. 25억 원 분양가 대비 4% 수익률로 계산했을 때 월세가 830만 원이 되고, 5% 수익률일 경우 월세가 1,040여 만 원에 달한다. 냉정하게 생각했을 때 어느 임차인이 실 평수 25평에서 장사하며 이 월세를 감당할 수 있을까? 게다가 위례의 일부 상가는 3.3㎡당 8,000만 원대에 달하기도 했으니, 놀라운 분양가에 입이 다물어지지 않는다.

그렇다면 이렇게 높은 분양가가 일부 지역만의 이야기일까? 그렇지 않다. 한국감정원에 의하면 전국 1층 상가 평균 분양가는 3.3㎡(1평)당 3,020만 원으로, 수도권 지방 할 것 없이 1층은 상가분양가가 꽤 높은 것이 대다수다. 자, 그럼 현 시점에서 1층 상가를 구입한다면 다들 이 정도 금액은 예상해야 할까? 꼭 그렇지는 않다.

2019년 봄, 한 회원이 상가를 사고 싶다고 연락해왔다. 참고로 나는 상가를 알선하지는 않지만, 회원은 노후를 대비해 고정적으로 월세가 잘 나올 지역에 괜찮은 상가를 사고 싶다고 지속적으로 부탁했다. 그래서 나는 몇 개의 입지 좋은 지역을 골라 좋은 물건이 나와 있는지 중개업소를 훑고 다녔다. 그렇게 조사하기를 두 달, 화성시에서 꽤 좋은 물건을 만날 수 있었다. 삼성전자의 공장 앞에 있는 신축 상가 건물로 배후수요도 탄탄했고, 항아리 상권이라 사람이 모이는 위치였다. 면적은 분양 평수 88평(전용면적 52평)이었다. 알아보니 급전이 필요한 소유자의 사정에 의해 나온 매물이었다. 가격을 깎고 또 깎는 과정을 거쳐 최종 12억 원에 계약했다. 88평에 12억 원이니 평당 1,363만 원이다. 앞서 말한 1층 상가분양가 대비 1/3 수준이다. 임대료는 월 600만 원에 육박해 수익률이 6%가 나온다. 이는 전액 현금 대비 수익률이고, 대출을 받았을 때는 레버리지를 이용해 수익률이 더욱 상승한다.

여기서 시사하는 점은 누구는 평당 4,000만 원대에 1층 상가를 분양받고, 누구는 1,300만 원대에 1층 상가를 구입한다는 점이다. 신도시에서는 2층 상가 분양가가 평당 1,700만 원이 넘는 경우가 많은데, 누구는 이보다 더 저렴하게 1층 상가를 구입하는 것이다. 여기에 대단한 노하우가 있는 것도 아니다. 그저 상권과 입지를 분석하고 부단하게 발로 뛴 결과만 있을 뿐이다.

회원이 매입한 1층 상가의 모습

\<Plus tip\>
발품, 또 발품만이 좋은 상가를 안겨준다

나는 좋은 상가를 찾기 위해 상권 및 입지 분석을 철저히 한다. 시간이 지날수록 가치가 오를 수 있는 상권에 자리한, 좋은 위치의 상가를 찾으려고 전국으로 임장을 다닌다. 물론 먼저 지도로 파악한 후 몇 개 후보를 골라 현장에서 밥도 먹고, 잠도 잔다. 주민들의 실제 동선을 파악하는 것이다. 그렇게 선정된 곳의 상가를 매입하기 위해 몇 달 동안 중개업소를 훑고 다닌다. 아무리 좋은 위치라도 가격이 합리적이어야 구입할 수 있기 때문이다. 비싸게 사는 건 누구나 할 수 있다. 좋은 물건을 합리적인 가격으로 사는 게 고수다. 그렇게 물건을 찾아 몇 달을 헤맨 후, 대단지의 아파트와 도서관 및 초중고가 몰려 있는 사거리의 코너 자리 상가 매물을 발견할 수 있었다. 위치가 좋아 매물로 잘 나오지 않을 자리인데, 몇 달간 노력한 결과 내 상가로 만들 수 있었다.

좋은 상가를 만나려면 부지런히 움직이는 게 최고다. 그러므로 이 책을 읽는 여러분도 항상 발로 뛰며 현장을 익히기를 바란다. 그래도 모르겠으면 계약하기 전에 전문가의 조언을 들으면 좋다. 하지만 현실은 발로 뛰지도 않고, 전문가의 조언을 구하지도 않는다. 그저 분양업자의 감언이설에 현혹되어 밑져야 본전이라는 생각으로 분양받는 경우가 많다. 수억 원에서 수십억 원에 달하는 부동산을 구입하면서 꼼꼼히 따져보지 않는 분들을 보면 그 배포에 내 간담이 서늘해질 정도다. 구입한 상가가 내 삶을 보장해주는 탄탄대로가 될지, 어깨를 짓누르는 짐이 될지는 순간의 선택이 좌우한다는 점을 명심하길 바란다.

오랫동안 공실이던 상가에 GS 슈퍼마켓을 입점시키다

"자, 오늘 강의는 여기까지입니다."

강의를 마치자 큰 박수로 호응해주는 분들이 계셔서 이날도 뿌듯한 시간이었다. 강의 자료를 정리하고 있는데, 한 남성분이 내게로 다가왔다.

"저……, 그동안 길목님 명성을 많이 들었고, 오늘 처음 강의를 들었습니다. 강의가 참 좋았습니다."
"아, 그러세요? 감사합니다."
"저, 질문 하나 드려도 될까요? 제가 참 머리 아픈 일이 있어서요."

"왜 그러시는데요? 무슨 일 있으세요?"

"제가 갖고 있는 상가가 오랫동안 공실이 지속되고 있어서 참 애가 탑니다.

"그러세요? 우선 주소가 어떻게 되나요?"

주소를 바탕으로 지도를 살폈다. 해당 상가는 1층에 위치한 상가로 실 평수가 100평이 넘을 정도로 꽤 넓었다. 메인 도로에 접한 건물이 아닌데다 면적이 크다보니 마땅한 임차인을 구하지 못해 공실이 지속되고 있는 상황이었다.

"어떻게 하면 임차인을 빨리 구할 수 있을까요?"

애가 탄 남성은 속 시원한 해결책이 나오길 기다리는 듯, 내 얼굴을 빤히 바라봤다.

"평수가 크고, 이면도로에 있다보니 앉아서 세가 나가기를 기다리기보다는 적극적으로 임차인을 유치하는 게 좋을 듯해요. 그러기 위해서는 정확한 현장 점검이 필수고요."

"염치없는 부탁이지만, 제 상가에 한번 같이 가주실 수 있으세요?"

"네, 좋습니다. 서로 시간을 조율해보죠."

"감사합니다. 길목님이 와서 봐주신다니 천군만마를 얻은 것 같습니다."

"과찬이십니다. 제가 가도 해결이 안 되는 상황도 있지만, 좋은 해결책이 나올 수 있도록 최선을 다하겠습니다."

이렇게 해서 약속을 정한 후 해당 상가 앞에서 만났다. 실 평수 105평에 걸맞게 상가의 면적이 매우 컸다.

'과연 이곳에 어떤 업종이 맞을 것인가….' 고민이 이어졌다. 큰 면적에 걸맞게 기업형 슈퍼마켓(SSM, Super Supermarket)이 들어오면 좋겠다는 생각이 들었다. 주위를 걸으며 주변 환경을 살폈다. 다행스러운 점은 주변에 전통시장이 없다는 것이었다. 전통시장 경계로부터 직선거리 1km는 전통상업보존구역으로 지정되어 있어 대형마트, 기업형 슈퍼마켓 등 대기업의 유통매장 입점이 제한되기 때문이다(간혹 전통시장 인근에 기업형 슈퍼마켓이 있는 경우가 있는데, 이는 해당 지자체 조례에 따라 일정 면적 이하인 경우 상인회 등의 동의를 받으면 입점이 허가되는 경우에 해당된다).

"여기는 아파트 단지가 있는 주거환경이고, 상가규모를 감안했을 때 기업형 슈퍼마켓이 입점하면 좋을 것 같아요. GS 슈퍼마켓, 이마트 에브리데이, 홈플러스 익스프레스 등이요."

오랜 공실 자리에 입점한 GS 슈퍼마켓

"아, 그렇습니까? 과연 업체가 들어올까요?"

"주변에 전통시장이 없으니 가능할 수 있습니다. 업체에 먼저 연락을 취하면 좋을 것 같습니다."

"네, 알겠습니다. 연락을 해보겠습니다."

그 후 남성은 세 곳에 연락을 취했고, GS 슈퍼마켓에서 가맹점주 방식의 입점의향을 나타냈다. 남성은 흔쾌히 동의했고, GS 슈퍼마켓이 가맹점주를 물색할 때까지 몇 개월의 시간이 흐르고 나서 드디어 GS 슈퍼마켓이 입점을 완료했다.

남성은 내 손을 꼭 잡으며 거듭 감사 인사를 했다.

"길목님, 감사합니다. 덕분에 공실에서 벗어나 안정적인 월세를 받게 되었어요."

"저도 기쁩니다. 적극적으로 같이 노력해주신 덕분이죠."

이렇듯 누군가의 고민을 해결해주어 공실에서 벗어나 안정적인 월세를 받는 모습을 보면 나도 매우 흐뭇하다. 마치 꺼져가는 생명에 심폐소생술을 해 생명을 되살린 듯한 느낌이다.

앞서 사례의 교훈은 '가만히 앉아 기다리지 말라'는 것이다. 중개업소에 물건을 내놨다고 앉아서 마냥 기다리는 분들이 있는데, 상가는 적극적으로 움직일수록 공실 위험이 줄어든다. 고객이 오기를 기다리지 말고, 고객을 찾아 나서자. 상가를 매입할 때도 마찬가지다. 덜컥 사기 전에 항상 먼저 고민하자. '이 상가에 어떤 임차인이 들어올 수 있을까?' '이 월세를 감당할 수 있는 임차인이 과연 여럿일까?' '임차인이 나가더라도 다음 임차인이 수월하게 들어올 수 있는 자리인가?' 등을 말이다.

<Plus tip>
직영점 vs 가맹점

대형 유통업체 및 프랜차이즈의 운영은 다음과 같이 직영점 방식과 가맹점 방식으로 나뉜다.

- **직영점** : 가맹계약 체결 없이 가맹본부에서 투자 및 운영하는 매장을 말한다. 점장과 매니저들은 모두 본사에서 월급을 받는 직원들이다.
- **가맹점** : 가맹본부와 가맹계약이 되어 있는 가맹점주(본사와 가맹계약을 맺은 매장의 실 소유자)가 운영하는 매장을 말한다. 가맹점주가 직원 및 아르바이트생을 직접 고용한다.

Part 5
한 번의
투자 실수로
인생이
흔들린 사례

Learn more >

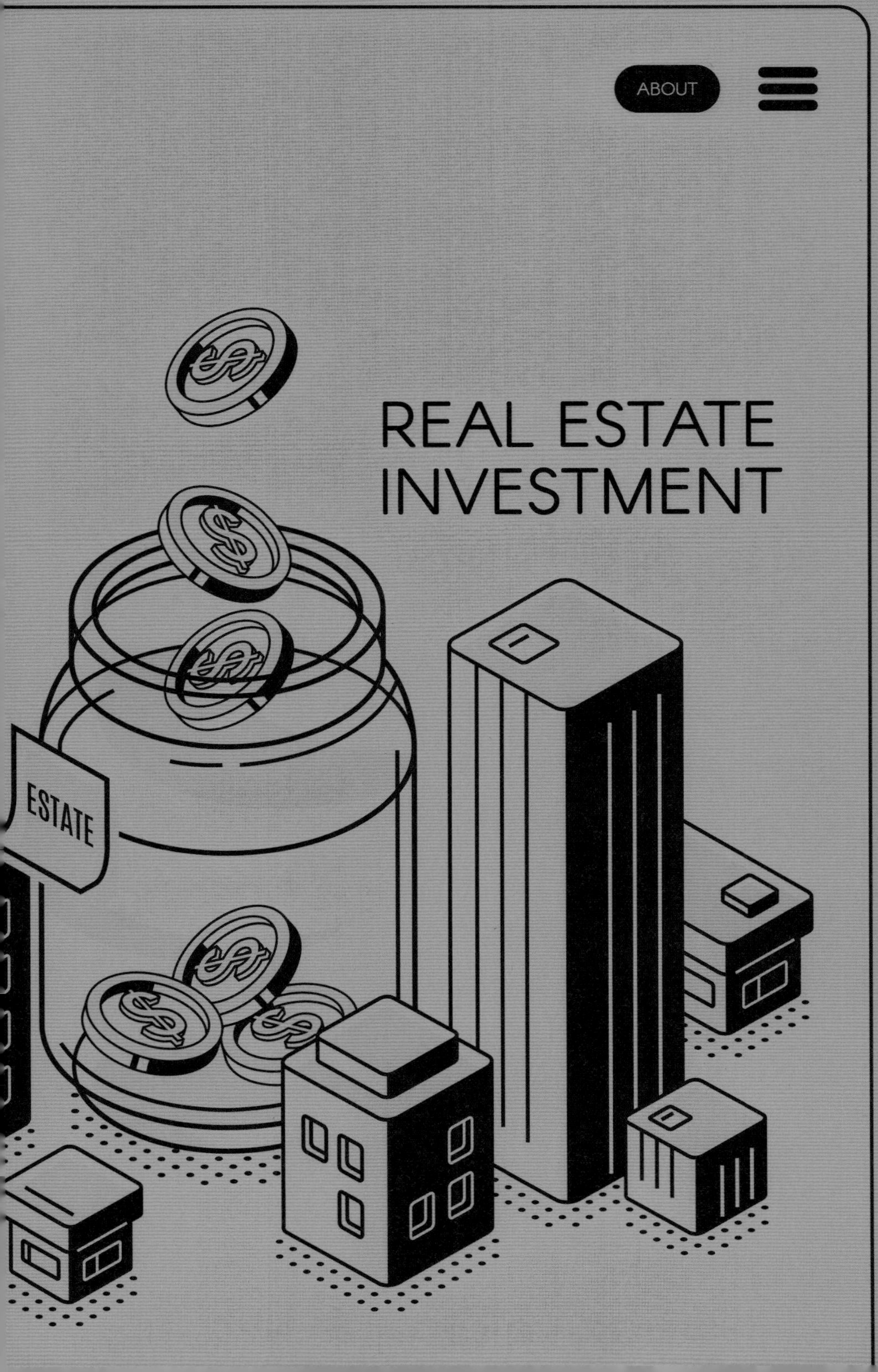
ABOUT
REAL ESTATE
INVESTMENT
ESTATE

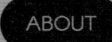

10년 장사해서 번 수익을
상가 투자로 한 방에 날리다

　내 지인이 겪은 실제 사례다. 어려운 가정 형편에도 늘 웃음을 잃지 않던 50대 김영미 씨(가명). 그녀는 80대 모친과 성인이 된 딸의 일손을 더해 가족이 함께 토스트를 구워 파는 일을 했다. 출근 시간대에 많이 팔리는 토스트의 특성상 새벽 4시에 일어나 재료를 준비하고 6시에 가게 문을 열었다. 저녁에는 퇴근하는 손님들을 맞느라 늦은 시간까지 영업을 했다. 이렇게 잠을 줄이고 10년째 토스트 장사를 이어가며 악착같이 3억 원의 돈을 모았다. 그리고 어느 정도 목돈이 모이자 김영미 씨는 상가를 사고 싶어졌다. 토스트 장사를 하며 고생을 많이 한 탓에 본인의 상가에서 덜 힘든 업종의 사업을 하고 싶었던 것이다.

　이렇게 상가를 찾아 나선 김영미 씨는 분양광고를 통해 이웃 동네에 있는 한 분양상가를 만났다. 2층에 위치한 자리였는데, 실면적 20평 규모로 분양가는 6억 원에 육박했다. 이 상가를 매입하면 제빵기술이 있는 딸이 빵을 굽고 김영미 씨는 커피를 만들어 커피&베이커리 장사를 하고 싶었다.

분양사원의 화려한 언변

"사모님을 위해 특별히 하나 남겨놓은 자리입니다. 이런 자리는 어디서도 찾아볼 수가 없어요."

분양사원의 말은 김영미 씨의 마음을 더욱 흔들었다. 사고 싶다는 강한 마음이 들었음에도 김영미 씨는 혹시나 하는 마음에 내게 확인 전화를 하고 싶었단다. 휴대전화를 꺼내 버튼을 누르는 김영미 씨에게 분양사원이 물었다.

"사모님, 어디에 전화하시게요?"
"아…, 제가 잘 아는 상가 전문가가 있는데 사기 전에 한번 물어보려고요."

이 말을 들은 분양사원은 화들짝 놀라며 펄쩍 뛰었다.

"아이고 사모님, 전화하시면 큰일 납니다."
"아니, 왜요?"
"이렇게 좋은 자리가 딱 하나밖에 안 남았는데, 지금 상가 전문가에게 전화하면 그 사람이 이 자리를 낚아채갑니다. 그래도 좋으시겠어요?"
"아, 그런가요…."

강하게 제지하는 분양사원의 말에 김영미 씨는 휴대전화를 다시 가방에 넣었다. 김영미 씨의 행동을 보고 더욱 확신을 한 분양사원은 다시금 쐐기를 박았다.

"사모님, 요 앞에 은행이 있습니다. 지금 계약금을 바로 넣는 게 이 좋은 상가를 사모님 것으로 만드는 유일한 길입니다. 지금도 계속 이 상가를 팔라고 문의전화가 오는데 제가 간신히 붙들고 있는 거예요. 지금 계약금 안 넣으시면 바로 다음 분이 계약금을 넣을 테니 이 좋은 상가가 영영 떠나버리는 거죠."

상가가 바로 다음 사람에게 넘어간다는 말에 마음이 급해진 김영

김영미 씨가 분양받은 2층 상가의 모습

미 씨는 은행에서 돈을 인출해 그 자리에서 계약금을 넣었다.

"잘하셨어요, 사모님. 이 상가 분양받아서 돈 버신 겁니다. 나중에 저 모른 척하시면 안 됩니다."

"호호호, 제가 왜 팀장님을 모른 척하겠어요."

하나밖에 안 남은 좋은 상가를 분양받았다는 생각에 한껏 마음이 부푼 김영미 씨였다(사실은 이 상가가 1년 동안 분양이 안 돼 분양팀의 골치였다는 사실을 상상도 못 했다).

시세가 반토막 나다

상가 잔금을 치른 후 김영미 씨는 커피&베이커리를 열었다. 하지만 예상과 달리 장사가 신통치 않았다. 해당 상가 건물과 인근 상가에는 1층에 커피전문점이 두 곳 위치해 있었고, 파리바게트 및 유기농 빵집까지 있었다. 1층에 막강한 경쟁업체들이 포진한 마당에 김영미 씨 상가는 2층이었으니 장사가 안 된 것이다. 결국 얼마 안 가 장사를 접은 김영미 씨는 이번에는 호프집으로 업종을 변경했다. 하지만 이마저도 장사가 신통치 않자 결국 해당 상가를 매물로 내놨는데 거래 금액이 3억 원으로 뚝 떨어져 있었다. 6억 원을 주고 분양받은 상가인데, 시세가 반토막 나며 3억 원을 손해 본 것이다. 김영미 씨가 10년 동안 악착같이 토스트를 구워 번 3억 원의 수익이 이렇게 상가 분양 한 방에 허공으로 날아간 것이다. 두 번의 사업으로 인한 손해를 만회하기는커녕 시세마저 3억 원이 떨어졌으니 김영미 씨의 손해는 더욱 가중됐다.

사기 전에 반드시 조언을 구하자

이 사례는 우리에게 많은 점을 시사해준다. 번 돈을 제대로 지키지 못하면 이렇게 한 방에 날아가는 것이다. 부동산 시장은 우리가 알고 있는 것보다 훨씬 냉정하다. 끊임없이 쏟아지는 분양 광고, 길거리 여기저기에 걸려 있는 현수막을 마치 부동산 정보로 착각해 투자하는 사람들이 적지 않다. 이들의 말을 들어보면 부동산 정보를 얻기 위해 갔다가 직원의 설명에 혹해서 분양받은 사례가 많다. 또는 분양을 안 받으면 후회할 것 같아서, 프리미엄이 꼭 붙을 것 같아서 투자했다는 등 투자 동기는 다양하다.

상식적으로 생각해보자. 돈이 되는 부동산 정보가 인터넷, 길거리 여기저기에 나돌겠는가? 만약 그렇다면 부동산 투자를 하는 사람들은 누구나 돈을 벌어야 하는데 그게 가능한지는 조금만 생각해보면 될 일이다. 인터넷이나 길거리에 나도는 부동산 투자 정보는 사실상 사람들을 현혹시키려는 속임수에 불과하다. 진짜 돈이 되는 정보는 그렇게 나돌지 않는다는 게 전문가들 사이에서 통하는 정설이다.

그럼에도 이런 정보를 믿고 투자하고 싶다면, 최소한 계약하기 전에 반드시 전문가의 조언을 구했으면 한다. 냉정하게 현실을 깨우쳐 줄 진짜 전문가 말이다. 하지만 사실, 사람들은 전문가에게 조언 구하기를 꺼린다. 왜냐하면 이미 사려고 마음먹었으니 누군가의 훈계(?)가 듣기 싫고, 또한 '이 좋은 정보가 전문가에게 혹시 새어 나가지는 않을까?'라는 이유에서다. 결국 그릇된 판단과 욕심 때문에 큰 탈이 나는 게 분양상가의 현실인 것이다.

분양받은 상가에 출입문이 없다?!

"따르릉, 따르릉……."

상가 임장을 하고 있던 어느 날, 전화벨이 울렸다. 잘 알고 지내는 동생이었다.

"여보세요, 동생 잘 지냈어?"
"아이고, 형님. 큰일 났어요."

반갑게 전화를 받은 나와 다르게 동생의 목소리는 매우 다급했다. 급한 마음이 여실히 전해져 내 손에 땀이 났다.

"무슨 일인데 그래?"

"형님, 제가 아는 누님이 2층 상가를 하나 분양받았어요. 준공이 되었는데, 글쎄 어찌된 일이지 출입문이 없어요. 어쩌면 좋아요?"

"그게 무슨 말이야? 2층인데 출입문이 없으면 어떻게 다니라고?"

그동안 수많은 상가 투자 사례를 상담해준 나였지만 출입문이 없다는 소리는 처음 들었다. 내가 투자를 알선한 것도 아니고, 투자 전에 내게 자문을 구한 것도 아니었다. 자기가 알아서 분양을 받았는데 이런 일이 생기다보니 떠오르는 사람이 나밖에 없다고 다급히 전화가 온 것이다. 말로만 들었음에도 어이없는 상황에 나조차 머리가 하얘지는 기분이었다.

현장을 가봤다. 해당 상가는 주상복합상가였고, 분양 면적 60평형의 2층 한 호실을 8억 원이 넘는 가격에 분양받았다고 했다. 인근에 전철역과 관공서가 있고 배후 아파트 세대가 있어 상가를 커피숍이나 음식점으로 세놓을 생각이었다고 한다. 계약 당시 도면상으로는 해당 호수의 양측에 엘리베이터 두 대가 표시돼 있는 것을 확인했다고 하는데, 그 엘리베이터를 이용할 수 없게 된 것이 문제였다. 엘리베이터 1대는 주민 전용이기 때문에 해당 상가와는 벽으로 막혀 있었고, 또 다른 엘리베이터는 상가 3층까지만 올라가고 2층에서는 아예 서지 않는 구조로 설치되어 있었다. 더욱 큰 문제는 해당 상가만 건물에서 고립돼 있어 화장실도 없는데다 제대로 된 출입문까지 없어 비상구로만 다녀야 하는 상황이었다. 한마디로 커피숍이나 식당을 할 장소가 전혀 아니었다.

해당 상가의 내부 모습. 비상구 계단으로만 출입이 가능하다

시행사에 문제제기를 했지만, "적법하게 분양이 이뤄졌다. 비상구를 사실상 출입문으로 보면 된다"라고 말했다. 시행사 측은 "분양 시기에 이미 이런 점을 고지했고, 그래서 상대적으로 다른 호수보다 저렴한 가격에 분양한 것이다"라고 말했다. 하지만 분양받은 측은 "이런 점을 알고도 분양 면적 60평을 8억 원에 분양받을 사람이 어딨냐?"며 억울해했다. 여러모로 노력했지만 더 이상의 방법이 없어 결국 분양받은 측은 시행사를 상대로 계약금 및 중도금 반환과 위약금 지불을 요구하는 소송을 제기하게 되었다. 참으로 안타까운 사례였다.

이처럼 상가분양은 도면만 보고 계약하다보니 완공 후에 생각했던 모습과 차이가 많은 경우가 있다. 특히 주상복합상가는 아파트 주민과 같이 사용하다보니 이를 적절히 분리하는 과정에서 동선이 더 복잡하게 설계되는 경우가 많다. 결국, 투자자가 도면을 꼼꼼히 살펴야 하는 것은 물론 위반사항이 있을 때 이를 입증할 자료를 준비해야 한다. 그렇지 않으면 거금을 투자하고 월세는커녕 소송으로 비화되는 경우가 많다는 점을 알아둬야 한다.

연 8% 수익을 보장해준다는 말에 속아 10억 원을 날리다

나는 신도시 분양상가 투자는 가급적 말린다. 매우 특수한 경우를 제외하고는 투자에 성공하기 어렵기 때문이다. 강의 때도 이런 점을 강조해 투자를 말리는 편이다.

그날도 강의 중에 신도시 분양상가는 가급적 피하라고 강조했었다. 손해 볼 것이 자명한 일이니 말이다. 그런 말을 이어가고 있는데, 갑자기 한 여성분이 일어나더니 자리를 뜨는 것이다. 보통 이런 경우는 드문지라 '바쁜 일이 생겼나보다'라고 여겼다. 그분은 다음 수업시간에도 참석하지 않으며 한동안 얼굴을 보이지 않았다. 그렇게 몇 개월이 흐른 뒤, 한 통의 전화를 받았다.

"저……, 길목님 수업을 들은 김순영(가명)이라고 해요. 저번에 ㅇㅇ신도시 분양상가는 하지 말라고 했던 말, 기억하세요?"

"아…… 네, 기억하고 있습니다."

"그때 자리를 뜬 사람이 바로 저예요. 사실 제가 그곳에 상가를 하나 분양받아 갖고 있었거든요. 세를 잘 받고 있는데 길목님이 분양상가를 내리깎듯 말씀하시는 것 같아 기분이 나빠서 자리를 뜬 거였어요."

"네……, 그러셨군요. 그런데 무슨 일로 전화 주셨어요?"

"휴, 길목님. 저는 어쩌면 좋아요? 30년 동안 일한 제 노력이 한순간에 물거품이 됐어요."

김순영 씨의 긴 한숨과 함께 떨리는 목소리가 들려왔다. 전화를 통해 전해들은 내용은 가히 충격적이었다.

백화점 직원으로 30년을 일한 김순영 씨는 안 쓰고 안 입으며 목돈을 만들 수 있었다. 노후대비를 염려했던 김순영 씨는 이 돈으로 안정적인 월세를 받으며 원금을 보장받을 수 있는 투자처를 꿈꿨다. 이런 김순영 씨의 마음을 흔든 투자처가 있었으니 바로 ㅇㅇ신도시의 한 분양상가였다.

시행사는 이 신도시 내에 총 8차례에 걸쳐 상가 건설을 계획할 정도로 많은 상가를 지으며 큰 영향력을 행사하는 시행사였다. 유명 연

예인들을 모델로 앞세우며 신뢰를 쌓기도 했다. 회사는 병원과 스포츠센터 등이 입점한다며 분양자들을 끌어모았다. 금전 투자를 하면 연 8%의 수익률을 보장하겠다고 했다. 분양받은 상가가 완공 이후에도 임차인이 들어오지 않을 시 임대료를 5년 동안 회사가 책임져주며, 10년 동안 영업권을 회사가 보증한다고 했다. '임대 수익 보장 확약서'와 '투자 약정서'까지 써서 분양자들을 안심시켰다. 워낙 파격적인 조건이어서 점포를 분양받는 동시에 시행사에 직접 투자한 투자자도 많았다.

연 8% 수익 보장에 속아 투자한 상가의 모습

김순영 씨는 계약금과 중도금 등 6억 원을 투자한 상태였는데, 갑자기 회사 측에서 잔금까지 미리 투자하라고 권유받았다고 한다. 어차피 치를 잔금이니 지금 투자하면 30%의 이자를 붙여주겠다고 해 4억 원을 은행에서 빌려 선지급했다. 그러나 회사의 부실은 머지않아 드러났다. 투자자들의 돈으로 돌려막기를 하는 상황에서 상가 공실은 늘어갔기 때문이다. 곪아 있던 문제가 본격적으로 불거진 시점은 2018년 10월경 신도시 일대의 그 회사 상가들이 단전통보를 받으면서부터다. 회사 측에서 2억 원이 넘는 전기료를 체납했던 것이다. 꼬박꼬박 월세와 관리비를 내왔던 입주자들 입장에서는 황당한 일이었다. 그때부터 회사가 부실경영과 자금난에 허덕이고 있다는 사실이 수면 위로 떠올랐다. 이후 복합몰에 입점해 있던 CGV, 영풍문고가 문을 닫았고, 지하 5층, 지상 13층의 건물은 현재 모든 입점 업체가 빠져나간 상태다.

회사가 사실상 부도 상태에 이르며 김순영 씨의 투자금 10억 원은 물거품이 됐다. 상황은 다른 투자자도 마찬가지였다. 피해자가 1,000여 명이 넘었고, 피해액은 2,000억 원이 넘었다. 5년간의 임대료 보장은커녕 상가는 텅텅 비어 있고, 관리비는 꼬박꼬박 나오니 김순영 씨가 받은 고통은 말로 다 못할 정도였다. 구청 앞에서 농성도 벌여봤지만 허사였다. 해당 시행사 대표가 수감된 후 소송이 진행되고 있지만 화려한 변호인단으로 소송에 대응하고 있다고 한다.

해당 회사가 지은 다른 건물도 현재 공실 상태이다

사연을 듣는 내내 마음이 너무 저려왔다. 사기 및 유사수신행위로 선량한 투자자의 돈을 앗아가는 파렴치한 사람들은 반드시 엄중한 법의 심판을 받아야 한다. 그럼에도 투자자들의 돈이 돌아오지 않는다는 사실은 너무 뼈아픈 현실이다. 눈물로 호소하는 김순영 씨의 마지막 한마디가 전화를 끊고 난 후에도 내 가슴에 남았다.

"시간을 돌릴 수만 있다면, 투자하기 전으로 돌아가고 싶어요. 투자를 안 했을 때가 가장 행복했던 것 같아요."

한푼이라도 더 벌어보려고 투자했건만 결과는 참담한 아픔으로 돌아왔다. 홀홀 털어버리고 일어날 정도의 손해라면 값진 경험을 했다고 치부할 수 있지만, 이처럼 감당하기 힘든 손해는 인생이 송두리째 흔들린다. 상가 투자 전문가로서 이런 아픔을 겪는 사람이 또 발생하지 않도록 더욱 경각심을 일깨워줘야겠다는 사명감도 들었다. 상가 투자, 그건 하기는 쉽지만 되돌리기가 쉽지 않다. 소중한 내 돈이 들어가는 만큼 반드시 제대로 된 전문가의 조언을 구하길 바란다. 더불어 신도시 분양상가 투자는 신중, 또 신중해야 함을 다시 한 번 강조한다.

의사가 배우?!
상가 분양 사기 사건

　신도시는 큰 택지 개발이 이뤄진 상황에서 속속들이 지어지는 건물이 많아서 분양이 어렵다. 이렇다보니 신도시 상가 분양 시장을 중심으로 기존의 자영업자는 물론 의사, 약사 등 전문직 자영업자들을 먹잇감으로 하는 창업컨설팅이 횡행하고 있다. 병원의 처방전에 주 수입원을 의지하는 약국의 특성상 약국을 분양받는 사람은 해당 건물에 병원이 입점하는지 여부가 초미의 관심사다. 그중에서도 처방전이 많이 나오는 내과·소아과·이비인후과가 선호 대상이다. 해당 건물에 처방전이 많이 나오는 병원의 입점이 확정되면 '약국 독점' 자리는 뜨거운 관심을 받게 될 것이다. 이런 점에 착안한 컨설팅 업체는 사기를 꾸미게 되고, 이를 모르고 분양받은 선량한 사람들만 막심한 피해를 보고 있는 것이 실정이다.

감쪽같은 분양 사기 작전

실제 사례를 알아보자. 약국 자리를 알아보고 있던 약사에게 접근한 약국 창업컨설턴트가 ○○신도시 건물을 소개했다. 이 건물에는 내과, 소아과, 이비인후과 그리고 정형외과까지 병원 네 곳이 입점한다고 했다. 1층 약국의 분양 값은 실면적 7평(분양 면적 15평)에 7억 원으로 비쌌다. 4억 원의 병원 지원금까지 포함하면 모두 11억 원으로 같은 층 점포의 최대 4배 수준이었다. 여기서 병원 지원금이란, 병원 입점을 대가로 약국이 내는 일종의 독점 수수료를 말하는 것으로 이 돈으로 병원의 인테리어 등이 진행된다. 지원금에는 차등이 있는데 처방전이 잘 나오는 내과·소아과·이비인후과는 1억 원에서 1억 5,000만 원, 나머지 과들은 5,000만 원 수준이다.

약사가 분양을 망설이자 컨설턴트는 병원과 시행사가 맺은 5년짜리 임대차 계약서를 꺼내들었다. 하루에 180건 이상 처방전이 보장되는 자리를 5년 이상 독점 운영하는 곳은 흔치 않다는 점을 강조했다. 컨설턴트는 이런 자리는 없다며 수수료로 1억 원을 요구한다(수수료를 따로 요구하는 경우도 있고, 분양가에 수수료를 얹어 마치 수수료가 없는 것처럼 분양하는 경우도 있다).

결국 5년 동안 하루 180건이 넘는 처방전을 독점할 수 있다는 말에 흔들린 약사는 분양 계약을 마쳤다. 분양가+병원 지원금+약국 인테리어 비용 및 시설비까지 모두 합해 약국 개설에 14억 원 가까이 들었다. 약사는 대출만 10억 원 넘게 받으며 비용을 충당했다. 약속대로 병원이 입점하고 처방전만 잘 나온다면 무슨 문제가 있으랴. 하지만 문제는 시간이 지나도록 병원이 입점하지 않는 데 있었다. 임대차를 유지하면서도 차일피일 개원을 늦춘다면 병원 입점은 말짱 꽝이 되는 것이다.

병원만 입점시키면
높은 분양가가 보장되는 현실

건물주는 병원 창업컨설팅에 수억 원의 돈을 주고 병원 개원을 유도하기도 한다. 병원의 입점 결정은 다른 점포 분양가를 끌어올리기 때문이다. 1층 한 자리를 '약국 독점'이라는 명목으로 몇 배 이상 비싸게 팔 수 있다. 또한 병원이 들어온다고 하면 높은 분양가로 식당 자리가 팔리고, 카페 자리가 팔린다. 병원에 다닐 유동인구를 반영해 분양가가 부풀려지는 것이다. 그러니 건물주 입장에서는 병원만 유치하면 높은 분양가로 많은 수익을 낼 수 있으니 병원 창업컨설팅 업체에 큰돈을 주고 병원 유치에 힘을 쓰는 것이다.

문제는 이렇게 임대차 계약서를 써준 의사가 또 다른 신도시의 신축 건물에 임대차 계약서를 써주는 경우가 있다는 점이다. 현행 법률상 의사는 병원 한 곳만 운영할 수 있으니 둘 중 하나는 지키지도 못할 약속을 한 게 드러나는 것이다. 이렇게 계약서를 남발한 의사는 창업컨설팅 업체로부터 수억 원씩의 수수료를 받은 경우가 많다. 병원이 입점할 거라 믿고 분양받은 약국 및 그 외 상가들의 피해는 막심하다. 특히 분양가가 매우 높은 약국의 타격은 크다. 그러므로 '병원 임대 확정'이라는 감언이설로 속삭이는 컨설팅 업자를 대할 때는 신중해야 한다.

병원을 유치했다고 해도 안심해서는 안 된다. 신도시 주변은 신축이 계속 들어서다보니 기존 병원이 새 건물로 이전하는 경우도 허다하다. 컨설팅 업체 입장에서는 새 건물에 또 한 번 작업을 해서 약국 자리며 식당자리 및 카페자리를 비싸게 분양할 수 있는 것이다. 결국 상가를 분양받은 임대인과 병원을 바라보고 들어온 임차인만 속수무책 당하는 것이다.

실제로 큰일이 났다며 나를 찾아와 상담을 요청한 회원도 이와 비슷한 사례였다. 경기도 ○○신도시에서 실 평수 20평의 약국자리를 22억 원으로 분양받은 이 회원은 약사에게 임대를 했다. 보증금 1억 원/월세가 1,300만 원이 나올 정도로 수익이 좋아서 매우 만족하던 차에 문제가 발생했다. 개원 2년 후인 시점에 병원이 통째로 옆 건물로 옮겨버린 것이다. 잘 나오던 처방전이 뚝 끊기니 약사는 경영난을 토로하며 월세 인하를 요구했고, 결국 1,300만 원의 월세는 400만 원으로 뚝 떨어졌다. 4% 수익률로 매매가를 환산하면 12억 원, 5% 수익률로 매매가를 환산하면 9억 6,000만 원이니 2년 만에 10억 원 이상 손해를 본 것이다. 몇 개월 사이 약 10kg의 체중이 빠질 정도로 극심한 스트레스를 받고 있는 임대인을 보면서 마음이 참 아픈 사례였다. 따라서 이 같은 실수를 반복하지 않으려면 다음과 같이 분양 계약서에 구체적으로 명시해야 한다.

\<Plus tip\>
병원 입점 사기 예방하는 법
(분양 계약서에 구체적으로 명시하기)

1. 건물의 병원 임대차 계약서를 확인한다.
2. 해당 의사와 직접 연락을 취해 진위 여부를 파악한다.
3. 고령인 의사는 가짜 임차인일 수 있으니 조심한다.
4. 해당 날짜까지 개원을 하지 않을 경우 어떻게 피해보상을 할 것인지 구체적으로 적는다.
5. 해당 병원에서 예상했던 처방전 숫자만큼 나오지 않을 경우 어떻게 보상할 것인지 적는다.
6. 개원 후 ○년 이내 이전하지 않는다는 약속을 적는다. 단, 이를 어길 시 위약벌로 얼마의 금액을 배상할지 구체적으로 적는다.

위치 좋은 영화관 내 상가, 장사가 안 되는 이유는?

요즘 상가의 경우는 영화관 입점이 중요한 항목으로 작용한다. 하지만 보통 영화관들은 분양을 받지 않고 임대를 선호한다. 분양을 한다고 해도 시공비 이하로 분양을 받기 때문에 사실 시행사 입장에서는 영화관이 넓을수록 손해다. 하지만 영화관 입점으로 타 상가들을 비싸게 분양할 수 있다는 장점이 있고, 영화관 입점으로 고객들의 유동량이 증가될 것으로 예상되기에 임대 맞추기도 쉬워진다.

영화관에서 팝콘과 음료를 파는 매장을 쉽게 볼 수 있는데, 이를 '파생상가'라 부른다. 파생상가란 대형 시설에 딸린 부속상가를 의미하는데, 메디컬빌딩의 약국, 멀티플렉스 극장의 패스트푸드점 등이 여기에 해당한다. 파생상가는 주가 되는 시설의 수요에 맞춰 부수적으로 지어진 상가이므로 상권의 발달 여부와 상관없이 고정적인 소비층을 확보할 수 있다. 주 시설의 고객들을 안정적으로 확보할 수 있으므로 굳이 외부 고객들에게 마케팅을 할 필요가 없어 참으로 매력적으로 다가온다. 그렇다고 파생상가가 꼭 좋은 것만은 아니다.

한 예로 지방 한 도시의 영화관을 살펴보자. 이 영화관이 입점한 건물은 위치도 좋고 유동인구도 많다. 그래서 영화관이 입점한 후 파생상가는 비싼 가격에 분양됐다. 관람객을 상대로 구운 오징어를 파는 상가였는데, 실면적 1~2평에 분양가가 1억 7,000만 원 이상이었다(실제 지역에 따라 2억 5,000만 원에서 3억 원에 육박하는 경우도 있다). 이렇게 비싸게 분양되는 이유는 영화관을 통해 안정적인 고객층을 확보할 수 있다는 점에서다.

영화관이 입점한 건물의 모습

하지만 실제 이곳 영화관의 관람객은 그다지 많지 않았다. 입지도 좋고 유동인구도 많은데 왜 관람객이 적을까? 바로 주변에 놀거리상가가 적기 때문이다. 영화를 본 후 쇼핑을 즐기거나 놀이시설을 즐기는 젊은 층이 많은데, 이 건물은 주변에 마땅한 시설이 없었다. 그러면 영화를 보고 굳이 다시 차를 끌고 나와 인근 쇼핑센터나 놀이시설을 찾아야 한다. 원스텝 쇼핑을 즐기는 요즘 젊은이들이 불편함을 감수하면서 굳이 이 영화관을 찾을까?

또한 건물의 면적에 비해 주차장이 협소한 점도 접근을 떨어뜨리는 데 한몫했다. 이런 이유로 영화관이 예상보다 관람객 유치를 하지 못하자 파생상가들도 매출이 큰 폭으로 하락했다. 이에 따라 매매가도 하락했다. 실제 1억 7,000만 원에 분양했던 파생상가가 2,000만 원대에서 거래가 되니, 사태가 얼마나 심각한지 짐작할 수 있다.

입지 좋고 유동인구도 많은 곳의 브랜드 극장이라도 주차시설이 부족하고 상권이 약하면 손님을 모으는 능력인 '집객력'이 떨어져 장사가 안 된다. 주 상가에 의지할 수밖에 없는 파생상가의 운명은 '바람 앞의 촛불'인 격이다. 파생상가가 잘되려면 주 상가가 계속해서 장사가 잘돼야 한다. 만약 주 상가의 장사가 힘들어진다면 파생상가 또한 어려워질 수밖에 없다. 더욱이 파생상가가 아무리 열심히 해도 주 상가의 경쟁력을 회복시킬 수 없다는 점을 명심해야 한다. 즉, 파생상가 입장에서 주 상가는 통제할 수 없는 변수인데, 이렇게 통제할 수 없는 변수에 의해 성패가 좌우된다면 운신의 폭이 좁을 수밖에 없다. 따라서 브랜드 영화관이 입점했다는 사실 하나만으로 장밋빛 희망을 품지 말고, 주 상가의 경쟁력을 파악해야 한다. 이런 과정을 거치지 않은 파생상가는 그리 좋은 투자처가 아닌 경우가 많다.

소문만 듣고 투자해서 낭패 본 사례

"~한다더라"는 소문은 투자 세계에서 떼려야 뗄 수 없는 관계다. '소문에 사서 뉴스에 팔아라'라는 말이 있을 정도이니 말이다. 하지만 여기에는 제대로 된 소문이라는 단서가 붙는다. 근거 없는 소문도 많이 떠돌기 때문이다. 한 예로 지방의 ○○지역은 인근에 종합병원이 들어오면서 '1종전용주거지역이던 일대가 1종일반주거지역으로 바뀔 것이다'라는 소문이 돌면서 투자자들이 발 빠르게 움직였던 곳이다. 하지만 수년이 지나도록 여전히 1종전용주거지역으로 있어 투자자들의 마음을 아프게 하고 있다.

용도지역 변경을 예상해 1층을 상가 형태로 지은 건물

　이 일대는 일반주거지역으로 바뀔 것을 염두에 두고 1층을 상가 형태로 지은 건물이 많은데, 여전히 전용주거지역으로 남아 있어서 상가를 활용할 수 없다. 참고로 일반주거지역에는 음식점, 제과점, 카페, 학원, 의원, 미용실, 세탁소 등 다양한 업종이 들어올 수 있지만 전용주거지역에는 들어올 수 없다. 용도지역을 무시하고 업종이 입점한다면 원상복구를 위한 이행강제금이 부과된다. 결국 소문만 믿고 땅을 매입하고 건물을 올린 건축주들은 상가 공간을 비워둔 채 시간만 보내고 있으니 속이 답답할 노릇이다.

투자를 빨리 한다면 그만큼 위험부담도 존재한다. 빠른 만큼 확실치 않은 상태에서 움직이는 경우가 많으므로 무엇보다 사실관계 확인이 중요하다. 앞선 사례도 소문만 믿지 말고 투자하기 전 해당 관공서에 용도지역 변경계획의 여부를 문의한다든지 등의 확인이 있었다면 리스크를 줄일 수 있었을 것이다. 실제 나도 해당 구청에 문의를 한 적이 있는데 '15년 내 용도지역을 변경할 계획이 없다'라는 대답을 들었다. 그 이유는 특혜 시비 때문이다. 인근에 아파트상가 및 근린상가가 많은데, 이 지역을 일반주거지역으로 변경하면 상권이 분산되면서 비싸게 분양받은 인근 상가 주인들의 반발이 심할 것이기 때문이다.

투자에서 남들보다 한발 빠르게 선점하는 것이 중요하다는 사실은 인정한다. 뒤늦게 투자에 들어갔다가는 투자자가 팔고 나오는 물량을 받아주는 역할밖에 하지 못하는 경우가 많기 때문이다. 하지만 소문만 믿고 무조건 투자한다는 위험한 생각보다는 소문의 실체를 확인하는 과정을 반드시 거쳐야 투자 실패를 줄일 수 있다는 걸 명심하자. 소문이 현실로 이뤄지지 않은 채 소문으로만 끝나는 경우도 많기 때문이다.

소액으로 현혹하는
테마상가 투자를 조심하라

특정 테마를 중심으로 대규모로 공급되는 상가를 테마상가라고 한다. 쉬운 예로 동대문 '두타'나 '밀리오레' 등이 테마상가에 해당된다. 테마상가 투자에는 크게 두 가지가 있다.

1. 임대분양 방식

이는 일정 기간 사용 가능한 임차권 있는 상가를 말한다. 즉, 최소 5년 이상 장기임대의 형식을 취한 뒤 분양을 받는 방법으로 투자자금이 비교적 적게 든다는 장점이 있다. 사업시행자의 재무구조가 건전하고 마케팅 능력을 충분히 갖춘 경우 등기분양에 비해 분양가가 싸고 재임대 등으로 수익을 낼 수도 있다. 취득세 등 세제 측면에서도 소유권을 취득하는 등기분양 상가에 비해 유리하다. 다만, 시행사의 부도나 사업주체가 바뀌면 권리금은 고사하고 보증금마저 날리는 경우도 간혹 발생한다. 따라서 시행사와 시공사가 신뢰할 수 있는 곳인지 여부를 반드시 확인해야 한다. 임대분양 상가의 경우 소유권이 없기 때문에 오랫동안 장사를 안정적으로 할 수 있는 권리가 등기분양 상가보다는 다소 떨어진다는 단점도 있다.

2. 개별 등기분양 방식

보통 일반 근린상가보다 작게 쪼게 등기분양하는 상품으로 개별 등기가 본인 앞으로 나와 법적 소유권이 있기 때문에 개별 매매가 가능하다. 일반 근린상가 등에 비해 매장 규모가 상대적으로 작아 투자 금액이 적어 보인다. 다만, 상가 관리 측면에서는 시행사의 전문적인 마케팅과 업종구성 전략 등의 혜택을 누릴 수 없다는 단점도 있다. 작게 쪼개 분양하다보니 한 건물에 소유주가 많은데, 이는 상가 내에 입점한 점주들 사이의 의견 일치가 어렵다는 점과 상권 활성화 실패 시 그 책임을 고스란히 본인들이 져야 한다는 부담이 있다.

몇 년 전 테마상가에 투자를 한 분이 계셨다. 정년퇴직을 앞두고 노후에 꼬박꼬박 나오는 월세를 기대하며 투자를 했지만 상가가 준공한 지 1년이 넘어도 곳곳이 텅텅 비어 있어 골치가 아팠다.

분양받을 때만 해도 입지도 괜찮고 유동인구도 많은 지역이기 때문에 임차인 모집이 쉽다는 말만 믿고 투자한 그분은 임차인을 구하지 못한 채 이자는 이자대로, 관리비는 관리비대로 계속 나가고 있는 실정이다.

또 다른 내 지인은 지방의 테마상가를 2억 3,000만 원에 분양받았다가 인근에 난립하는 경쟁업체에 밀려 장사가 안 돼 5년 후에 6,000만 원에 팔고 나온 경우도 있었다. 5년 만에 1/4 가격에 처분하고 나왔던 그분의 심정은 오죽했을까!

임차인을 구하지 못해 문을 닫은 테마상가 점포의 모습

분양가의 1/4 가격으로 처분한 해당 건물의 모습

2008년 금융위기 이후 테마상가 소유주들은 통임대로 돌파구를 찾기 시작했다. 입지가 좋은 테마상가가 유명 브랜드에 층 단위로, 통으로 빌려주고 임대료를 받는 방식이다.

서울 명동의 쇼핑몰 H는 유니클로를 유치하며 상권 활성화에 성공한 한 예다. 다만 입지가 아무리 좋더라도 통임대가 수월한 것만은 아니다. 구분소유자 전원의 동의를 받아야 하기 때문이다.

실제 서울 명동에 위치한 M 테마상가는 총 208명의 구분소유자 중 207명이 동의해 세계적 스포츠 브랜드를 유치해놓고도 단 1명의 반대에 막혀 입점을 성사시키지 못했다. 이 한 명의 면적은 8.02㎡(약 2.5평)로 전체면적의 0.58%를 차지한다. 이 소유자는 상가 관리단이 제시한 배분 임대료보다 2.5배 더 많은 임대료를 요구했고, 그렇지 않으면 자신이 소유한 지분을 높은 가격에 사가라며 으름장을 놓으면서 입점을 반대했다.

따라서 테마상가 투자는 매우 신중해야 한다. 입지가 좋다 해도 상권 활성화를 장담하기 어렵다. 로켓배송, 새벽배송, 당일배송에 이르기까지 더욱 커지고 있는 온라인마켓과 경쟁하기 힘들고, 그나마 있는 소비층은 대형복합몰이나 대형아울렛으로 빠져나가다보니 테마상가를 찾는 수요가 더욱 줄어들었다.

통임대를 하려 해도 수백에서 수천 명의 소유자들이 똘똘 뭉치는 이상향을 바라기 쉽지 않다. 임차인은 안 들어오고, 대출이자의 압박은 심화되며, 관리비 부담까지 안게 되는 3중고를 겪고 있을 수 있는 게 바로 테마상가 투자이므로 가급적 지양하기 바란다.

유행 따라 번지는
'O리단길' 투자는 조심하라

　서울 이태원의 경리단길을 시초로 망리단길(서울 마포구 망원동), 송리단길(서울 송파구 송파동), 해리단길(부산 해운대구), 동리단길(광주 동명동), 객리단길(전북 전주), 황리단길(경북 경주) 등 전국적으로 'ㅇ리단길'이라는 명칭이 붙은 지역만 약 20개에 달한다. 검색창에 '예쁜 카페', '맛집' 등을 검색해보면 많은 'ㅇ리단길'이 검색된다. 이 거리는 개성 있는 가게로 무장해서 SNS 홍보로 전국에서 사진을 찍으러 오는 방문객들로 넘쳐난다. 하지만 입소문을 타고 핫스폿으로 불리는 'ㅇ리단길'의 속내를 살펴보면 거품이 낀 경우가 많다.

　이 거리가 뜬 이유는 뭘까? 입지나 접근성이 좋은 이유도 있겠지만 누군가가 인위적으로 만들어낸 작품일 수도 있다. 작업팀들이 들어가서 거리를 조성하고, 언론에 로비해 매스컴에 등장하며, 파워블로거에게 돈을 주고 SNS에서 홍보하며 사람들의 이목을 집중시킨다. 이렇게 인위적으로 띄운 결과, 자연스럽게 사람들이 많아지고 꼭 방문해야 할 핫스폿으로 뜨면 수억 원씩의 시세 차익을 취하고 유유히 빠져나오는 경우가 늘고 있다. 실제 내가 아는 사람 중에도 이런 작업만 전문으로 하는 분들이 있다. 이들은 어느 골목길을 띄우고, 몇 억을 챙기고 빠져나올지 궁리하는 사람들이다. 그러므로 'ㅇ상권이 뜨고 있다', 'ㅇ리단길이 유망하다' 등의 매스컴 보도를 있는 그대로 믿고 'ㅇ골목의 상권이 뜨니 여기에 투자해야겠다' 하는 생각은 위험하다.

핫플레이스의 지속 시간은 짧다. 반짝 인기 있을 때는 사람이 많았는데, 3~4년 지나면 주말에도 사람이 없는 경우가 흔하다. 그런데도 임대료가 내려가는 추세는 더디다. 비싼 값을 주고 건물을 매입했으니 어쩌면 당연한 결과다. 임대료를 건디지 못해 상인들은 내쫓기고, 건물은 공실을 맞는다. 실제로 한때 유행했던 'ㅇ리단길'들을 가보면 임차인을 구하지 못해 군데군데 빈 상점을 흔히 발견할 수 있다. 이처럼

공실 점포가 줄지어 서 있는 ㅇ리단길

입소문을 따라 유행처럼 번지는 'ㅇ리단길' 투자는 수억 원이 올랐다가 수억 원이 내려갈 수도 있다는 점을 유의하자. 소문만 듣고 어설프게 투자한다면 수익은커녕 손실만이 기다리고 있을 수 있으니 신중하길 바란다.

유명한 강사라도
무조건 믿지 마라

투자금이 오가는 세계인만큼 부동산 분야에는 사기꾼이 많은 듯하다. 물론 주식도 마찬가지겠지만, 부동산 분야에 몸담고 있는 만큼 전적으로 부동산 이야기만 하겠다. 가장 흔한 사기 케이스는 선량한 회원들을 상대로 본인의 물건을 팔아먹는 행태다.

"길목님, 요즘 어떻게 지내십니까? 언제 서울에 오십니까, 같이 식사 한번 하셔야지요?"

여느 때와 다름없이 지내고 있던 어느 날, 아는 분의 전화를 받았다. 마침 서울에 와 있던 터라 그분과 약속을 하고 식사자리에서 만

났다. 자리에 앉아 이런저런 이야기를 하는데, 그분이 대뜸 요즘 땅을 샀는데 잘 샀는지 한번 봐달라고 하셨다. 그분은 지번을 주며 기대에 부푼 얼굴로 나를 바라보았다. 땅을 사게 된 연유를 물으니 본인이 아는 ㅇㅇ카페에서 한 강사가 이 땅이 유망하다며 권했고, 자신 외에도 여러 회원들이 땅을 샀다고 했다. 땅값은 평당 60만 원으로 100평을 산 그분의 투자금은 6,000만 원이었다. 600평 남짓인 이 땅을 6명이 1/6씩 지분으로 소유하는 형태였다.

"평당 60만 원이라는 것은 어느 기준인가요? 중개업소를 통해 주변의 땅값을 알아보셨나요?"

내가 묻자 그분은 손사래를 치며 말했다.

"아뇨. 중개업소에 가본 적은 없습니다. 강사가 이 땅이 평당 60만 원이면 아주 저렴한 가격이라고 해서 저렴한줄 알고 샀던 거죠."

나는 휴대폰을 들어 토지이용계획서를 살피고, 토지건물 정보플랫폼인 밸류맵을 통해 인근 거래 사례 지가를 조사했다. 마침 해당 토지와 얼마 떨어져 있지 않은 곳에 안면이 있는 분이 중개업소를 운영하고 있어서 전화를 걸어 시세를 파악했다. 그 결과 해당 토지와 근접한 땅이 평당 10만 원에도 안 팔리고 있다는 소식을 들었다. 하지만 내 말을 전해들은 그분은 믿지 못하는 눈치였다.

"이 땅이 그렇게 쌀 리가 없어요. ○○○강사가 이 땅이 60만 원이면 싸다고 했단 말예요."

철석같이 강사를 믿는 그분에게, 강사의 물건을 수강생에게 파는 경우도 있고, 컨설팅을 통해 비싸게 팔아주고 수수료를 챙기는 경우도 많다고 알려줬다. 하지만 그분은 믿고 싶지 않은 것 같았다. 믿는 순간 6,000만 원짜리 땅이 600만 원이 되는 꼴이니, 그 심정은 이해가 간다. 하지만 이게 엄연한 현실이다.

앞선 사례와 같은 일을 방지하려면 투자 전에 꼼꼼히 살피는 일은 필수다. 내가 믿고 있는 유명강사의 속은 아무도 모른다. 부모 자식 간에도 '돈을 세어보고 줘라'란 말이 있듯, 꼼꼼해서 나쁠 것은 없다. 땅에 투자한다면 도로에 접했는지, 접했다 하더라도 건축이 가능한 도로인지, 인근 지가는 얼마인지, 해당 토지의 행위제한은 무엇인지를 살펴야 한다. 상가라면 인근 임대료는 얼마인지, 공실의 위험은 없는지, 임대료가 과장되지는 않았는지, 가짜임차인이 아닌지, 해당 상가보다 더 유리한 조건의 상가들이 있는지 등을 살펴야 한다. 그런 후에도 전문가 인맥을 최소한 다섯 명은 동원하는 게 좋다. 전문가가

신이 아닌 이상 틀릴 수 있으니 많은 전문가에게 물어보고 투자하면 실패율이 현저히 낮아진다. 그래서 인맥이 재산이란 말이 나오는 것이다.

대학교가 이전해왔는데도
상권이 신통치 않은 이유

2014년 2월 부산외국어대학교가 남구 우암동에서 남산동으로 캠퍼스를 옮기면서 학생, 교직원 9,000여 명의 인구가 유입됐다. 대학의 이전으로 직접 타격을 받은 우암동 상권의 침체는 심각했다. 간선도로를 조금 벗어나면 임대를 내놓은 빈 상가들이 여기저기 눈에 띄었다.

그렇다면 대학이 이전해온 남산동 상권은 어떨까? 실제 이전 계획이 발표됐을 때만 해도 남산동 일대 경제가 살아나 주민들 삶에 도움이 될 것으로 판단, 주민들은 호응을 하며 박수를 보냈다. 투자자들이 진입했고, 부동산 가격도 올랐다. 그러나 예상과 달리, 남산동 일대는 외대 이전 전보다 지역경제가 더 어려움을 겪고 있다는 목소리가 높다. 그 이유는 뭘까? 바로 외대 입구의 상권이 신통치 않기 때문이다.

부산외대 이전이 상권 활성화에 영향을 미치지 못하는 건 학생을 끌어들일 유인책이 부족한 탓이다. 이곳은 오르막이 가파르고 학교 건물에서 정문까지 거리가 상당하다. 대다수 학생들은 등하교 시 남산역을 이용하는데, 역에서 학교까지 셔틀버스가 운행된다. 하지만 셔틀버스가 정문에는 서지 않아 상권을 이용하는 학생이 적다.

정문에서 학교 건물까지 진입로가 매우 길고 오르막길이라 상권 이용에 제약이 있다

그 결과 부산외대 입구의 상권이 무너지면서 인근 원룸 및 빌라의 입주율이 떨어지고 상가들은 문을 닫을 지경이라고 호소한다. 그럼에도 건물주는 부산외대 특수를 이유로 임대료를 올리려 하고, 세

입자는 수익이 기대에 미치지 못해 갈등이 생긴다. 가격이 안 맞으니 빈 상가가 꽤 있다. 상권 부진에 가속화를 더하는 격이다.

학교가 없어지면 주변 상권이 큰 악영향을 받는다는 점은 예상할 수 있다. 그래서 폐교 및 이전이 예상되는 대학교 주변 상권 투자는 금물이라는 말을 누누이 해왔다. 반대로 학교가 세워지거나 이전해 오면 주변 상권이 부흥할 것을 쉽게 예상할 수 있지만, 부산외대의 상권처럼 예상을 빗나가는 경우도 있다. 이는 학생들이 상권을 이용하기 수월한 위치인지, 학교와 상권과의 접근성이 좋은지, 셔틀버스가 어디에 정차하는지도 따져보고 투자해야 하는 이유다.

새 길이 뚫리면
운전자는 웃고, 상인은 운다

고속도로 전성기를 맞았지만 지역마다 빛과 그림자가 교차하고 있다. 확충된 도로망을 타고 여행객이 몰려들고 물동량이 늘면서 관광과 여가 산업이 활기를 띠고, 지역 경제에도 활력을 불어넣는 게 사실이다. 반면 기존 도로와 함께 생업을 이끄는 이들에겐 매우 큰 타격이다. 한 예로 2017년 6월 전구간이 개통된 서울양양고속도로로 인해 강원도 내의 명암이 엇갈리게 됐다. 종착지인 양양군과 속초시는 초고층 호텔과 아파트의 건축 붐이 휘몰아쳐 부동산이 활황을 맞았다. 반면, 고속도로 개통 이전에 동해안 접근 도로였던 44번 국도의 통행량은 급감했다. 외지 차량이 가뭄에 콩 나듯 보이니 홍천군과 인제군 지역의 경제는 침체의 늪에 빠져들 수밖에 없다. 국도변 식당가는 주차장이 텅 비어 있고, 차량통행량이 매출 그 자체인 주유소도 직격탄을 맞았다.

휴가철 차량이 몰린 양양고속도로 vs 차량이 뜸한 44번 국도의 모습

인적 없는 44번 국도변 황태전문 음식점의 모습

이와 유사한 상황이 예고되는 곳이 있다. 울산 울주군 청량읍과 경남 양산시 용당동을 잇는 국도 7호선 우회도로 개설공사가 2020년 말이면 전구간 개통이 가능해, 울산 전역에서 동부 경남권으로의 접근성이 획기적으로 개선될 전망이다. 새 도로 개통으로 운전자는 좋겠지만, 기존 도로의 상인들은 줄어든 통행량 탓에 낭패가 예상된다.

따라서 국도변 상가는 새로 뚫리는 도로를 주의해야 한다. 도로망이 바뀌면서 초토화되는 상권이 많기 때문이다. 새 도로망으로 상권이 무너지면 회복되기 힘들다. 실제로 '황태마을'로 유명하던 인제군 용대리 일대는 떠나가는 방문객을 되돌리기 위해 출렁다리와 짚라인을 만드는 등 안간힘을 썼지만 역부족이었다. 그러므로 상가에 투자하기 전에 새 도로의 개통 가능성이 있는지를 반드시 조사해야 한다.

보행환경 개선이
오히려 상권을 약화시키다

　울산 남구에 '왕생이길'이라는 곳이 있다. '왕생이길'은 울산 남구 청사거리에서 뉴코아아울렛 울산점까지 이어지는 길 500m 구간이다. 남구는 52억 원을 들여 보행환경 개선 및 예술 거리를 표방하며 왕생로 특화거리 조성사업을 진행했다. 보행환경 개선을 위해 보도를 정비하고 차선을 축소했다. 양 차선 사이에 휴식을 취할 수 있는 중앙광장도 설치했다. 그 결과 도로의 모습이 사진과 같이 바뀌었다.

　하지만 이게 다였다. 바뀐 도로가 미관상 좋아보일지는 몰라도 상권에 좋은 영향을 주지는 못했다. 이 구간에는 약 50개 동의 건물에 식당, 주점, 결혼업체 등 140여 곳의 상점이 밀집해 있다. 그동안 양쪽 도로변을 손님 주차공간으로 활용했는데, 차로가 절반으로 줄어

도로환경 개선 전 모습

도로환경 개선 후 모습

들면서 주차난이 심해지고 결국 상권이 타격을 입었다.

　상가는 사람의 발길이 닿아야 활성화되는 법인데, 바뀐 도로 탓에 통행로가 좁은 1차선이 되어 주정차를 하지 못하고 그대로 직진해야만 하는 실정이다. 물론 멀리 공영주차장이 있지만, 공영주차장에 차를 주차하고 상가를 찾았다가 다시 주차장으로 가는 사람이 몇 명이나 있을까? 이런 이유로 해마다 유동인구가 줄어 '왕생이길'에 몰려 있던 각종 점포의 폐업이 속출하고 있다. 걷기 좋은 거리를 조성하는 취지는 좋지만, 주차공간이 부족하면 손님의 발길이 끊겨 유동인구 자체가 줄어들 수 있다. 상권은 주차공간 확보가 무엇보다 먼저 고려되어야 한다는 점을 명심해야 한다.

반짝 특수를 맹신하면
상가 투자는 실패다

"어유, 여기 손님 많은 것 좀 봐. 여기 사장님은 떼돈 벌겠네."

벚꽃이 흐드러지게 핀 관광지에 놀러간 어느 주말, 점심을 먹기 위해 들린 음식점에 가득한 손님들을 보며 지인이 건넨 말이다.

"과연 그럴까?"

나는 의미심장한 말을 남기며 자리에 앉았다.

"사실이잖아. 이렇게 손님이 많은데 당연히 많은 돈을 벌겠지."

"지금이 관광 특수 철이고, 주말에다 낮 12시가 넘었으니 한창 피크일 때지. 즉, 이 가게는 오늘이 손님이 가장 많은 날이야. 이 손님 숫자만 보고 365일을 계산하면 안 된다는 거지."

"아……, 그런가?"

"벚꽃이 지고 난 후 평일에 여기 오면 아까 한 말이 쏙 들어갈 걸."

"음, 그렇겠구나."

지인은 내 말에 고개를 끄덕였다.

사람들은 보이는 대로 판단하는 경향이 있다. '확증편향'이란 보고 싶은 것만 보고, 듣고 싶은 것만 듣고, 믿고 싶은 것만 믿는 사람의 오류를 말한다. 예를 들어 어떤 영화를 볼까 말까 망설일 때, 보겠다는 마음이 강하면 '강추'를 하는 댓글에 더 눈길이 가고, 반대로 보고 싶지 않은 마음이 더 크면 '볼 것 없다', '실망이다'라는 댓글이 눈에 들어오는 식이다. 즉, 많은 선택사항을 참조해 결정을 내리기보다 자신이 원하는 바와 유사한 댓글을 보고 결정을 내리는 것이다. 이런 오류로 인해 일단 하나의 결정을 내리면 다른 좋은 선택지가 나타나도 자신의 결정을 바꾸지 않는 이른바 똥고집이 나타나기도 한다.

상가 투자에서도 이런 현상이 나타난다. 사람들은 자신이 보고 싶은 것만 보는 경향이 있기 때문이다. 이 상가를 사고 싶으면 주말에 장사가 잘되고 있다는 점만 보이고, 이 상가에 정이 안 가면 평일에 손님 없이 한산한 것에만 눈이 간다. 일주일 평균, 한 달 평균, 계절 평균을 감안해 종합적으로 판단해야 함에도 자신의 판단을 뒷받침해줄 극히 일부분의 사실로 전체를 판단하는 경우가 많다. 앞선 관광지 음식점 예에서 내 지인이 손님이 많이 모인 상태만 보고 높은 권리금에 상가를 인수한다면 낭패가 예상된다.

유사한 또 다른 사례를 살펴보자. 포항시에는 '영일만친구 야시장'이 있다. 이곳은 행정안전부의 전통시장 야시장 공모에 뽑혀 국비 등 10억 원을 들여 구도심인 중앙상가 실개천거리 260m 구간에 야시장을 만든 곳으로 2019년 7월 26일 문을 열었다.

개장 당일 축제는 화려했다. 다채로운 행사를 보러 각지에서 모인 시민과 관광객으로 행사장은 발 디딜 틈이 없을 정도로 북적였다. 낮 동안의 더위를 날려줄 밤바람을 맞으며 관광객들은 축제를 만끽했다. 먹거리 판매대 36곳과 상품·체험 판매대 4곳이 월요일을 제외한 매일 오후 7시부터 5시간 동안 손님을 맞았다. 하지만 야시장이 사람으로 북적북적한 것은 잠시였다.

개장 당시 인파로 가득한 야시장 풍경

개장 두 달 후 썰렁해진 야시장 풍경

개장 초기에는 발 디딜 틈 없을 정도로 손님이 많았지만, 반짝했던 인기가 식으면서 상가별로 매출에 차이가 나기 시작했다. 장사가 잘 안 되는 곳이 하나둘 문을 닫더니, 전체 40곳 가운데 9곳이 장사를 포기하기에 이르렀다. 개장한 지 두 달여 만에 1/4에 달하는 상인이 그만두자 가뜩이나 활력을 잃은 야시장은 더 위축되었다. 만약 개장 당일의 엄청난 인파를 보고 상가를 인수했다면 낭패가 예상되는 순간이다.

이렇듯 상가 투자는 반짝 특수를 경계해야 한다. 보이는 대로 맹신하지 말고, 특수가 언제까지 유지될지 면밀히 따지는 신중함을 보여야 실패하지 않는 상가 투자가 될 것이다.

REAL ESTATE INVESTMENT

Part 6
돈 버는 상권 분석 및 입지 선정

Learn more >

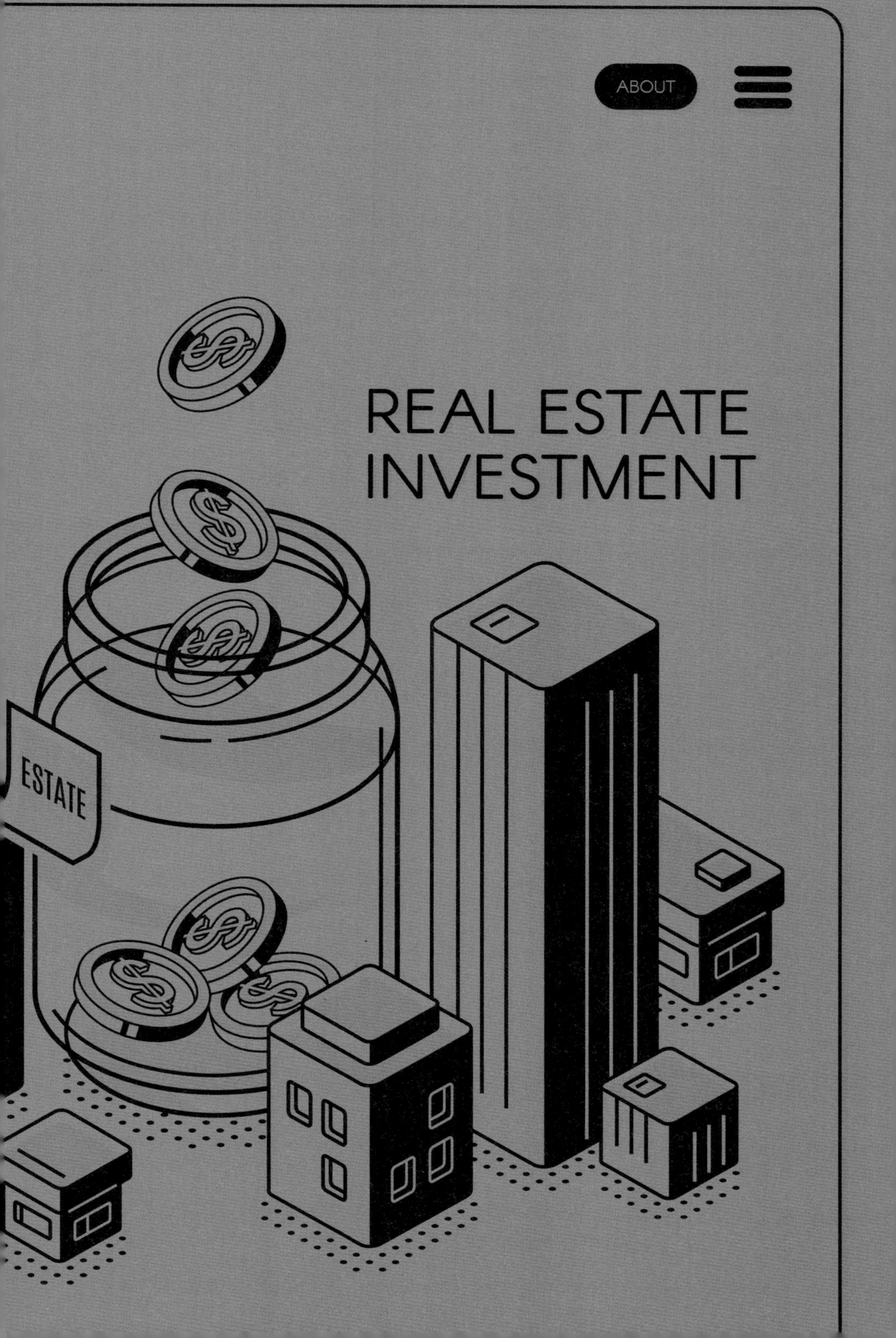
ABOUT
REAL ESTATE
INVESTMENT
ESTATE

상권과 입지의 개념

상권과 입지, 익숙한 단어인 듯하면서도 설명하라고 하면 한 번에 말하기 머뭇거려지는 단어이다. 체계적으로 상가를 배우려면 상권과 입지에 대해 정확히 알고 넘어가자.

상권이란 대지나 점포에 미치는 영향권의 범위로서 점포와 고객을 흡인하는 지리 영역이다. 입지란 대지나 점포가 소재하고 있는 위치적인 조건을 의미한다.

구분	상권	입지
개념	대지나 점포에 미치는 영향권의 범위(Trading). 상품 판매가 가능한 지역적 위치	대지나 점포가 소재하고 있는 위치적인 조건(Location). 상권 내에 있는 점포 위치
특성	대학가, 역세권, 아파트 단지, 시내 중심가, 푸드코트 등 물리적 상거래 공간	평지, 도로변, 상업시설, 도시계획지구 등 물리적 시설
키워드	바운더리(Boundary)	포인트(Point)
등급 구분	1차, 2차, 3차 상권	A급지, B급지, C급지
분석 방법	업종 간 경쟁력 구분, 구매력 분석	점포 분석, 통행량 분석, 유동인구 분석
평가 기준	반영 거리(300m, 1km 이하, 1km 초과)	권리금, 임대료

1. 상권 등급

- 1차 상권 : 도보로 5분(4km/h 적용), 반경 300m 이하, 고객의 85% 내외

- 2차 상권 : 자전거로 5분(12km/h 적용), 반경 1km 이하, 고객의 10% 내외

- 3차 상권 : 자동차로 5분(30km/h 적용), 반경 1km 초과, 고객의 5% 내외

2. 입지 등급

- A급지 : 유동인구가 많은 시내 중심가, 대규모 단지, 대규모 상

가의 입구, 대로변 버스정류장 근처, 사거리 주변
- B급지 : 유동인구를 일부만 흡수하며 배후지에 거주하는 주민을 흡수. 따라서 유동인구를 상대로 하는 판매업보다 품질로 승부하는 음식점 등이 적합
- C급지 : A, B급지에서 벗어나 수익성이 떨어지지만 틈새 시장을 노려 경쟁을 피하고 시설비가 적게 드는 업종을 택하는 것이 적합

돈 버는 상권 분석은 이렇게 하라

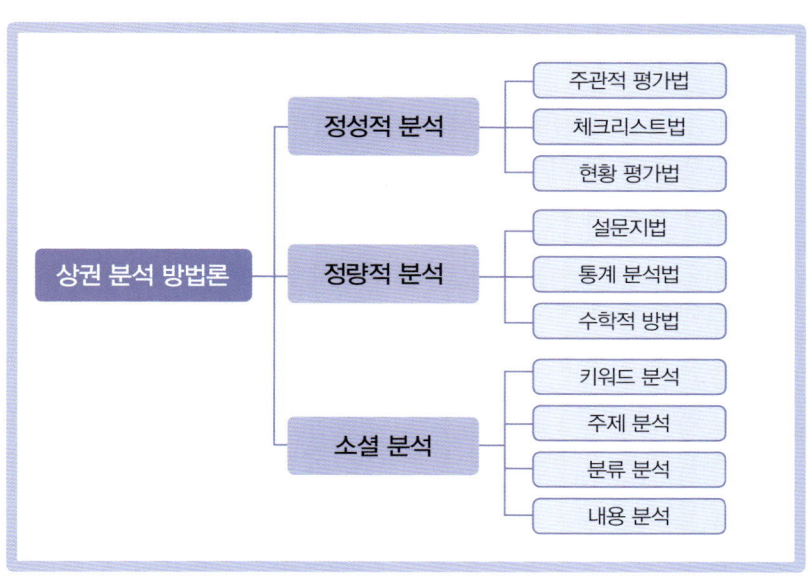

상권 분석 방법론

표로 간략하게 정리했듯, 돈 버는 상권 분석은 크게 정성적 분석, 정량적 분석, 소셜 분석으로 나눌 수 있다. 구체적인 내용은 다음과 같다.

1. 정성적 분석법
- 주관적 평가법 : 경험 많은 전문가의 의견을 중심으로 상권을 분석하는 방법
- 체크리스트법 : 상권에 영향을 주는 변수에 대한 평가표를 만들고, 이를 활용해 상권을 분석하는 방법
- 현황 평가법 : 상권에 영향을 주는 변수에 대한 현황표를 만들고 이를 채워나가는 방법

2. 정량적 분석법
- 설문지법 : 상권을 대표하는 표본을 대상으로 설문조사와 인터뷰를 통해 상권을 분석하는 방법
- 통계 분석법 : 상권 분석 시스템에서 제공하는 상권 관련 통계 수치를 이용하는 방법(여러 출처의 통계수치를 활용하는 것을 포함)
- 수학적 방법 : 경험적 연구로 검증된 인과관계를 이용해 회귀식과 같은 수학식을 개발하는 방법. 외식업체에 누적된 통계자료와 수학식을 이용해 원하는 결과값을 과학적으로 도출 가능

3. 소셜 분석법 : SNS에서 회자되는 내용을 이용해 상권을 분석하는 방법

- 키워드 분석 : 포털사이트의 키워드 현황, 키워드별 조회 수 및 월별 추이, 연관키워드 현황에서 상권과 관련된 내용을 분석하는 방법
- 추세 분석(트렌드 분석) : 포털사이트의 키워드 검색수를 시계열로 분석해 미래를 예측하는 방법
- 분류 분석 : SNS의 내용을 상권과 관련된 내용을 감성언어 및 긍정과 부정 기준으로 분류해 분석하는 방법
- 내용 분석 : SNS의 내용 중 월별, 방문목적, 동반자, 음식점 브랜드, 방문시간, 구매메뉴, 만족도 및 구체적 의견 등 상권과 관련된 내용을 분석하는 방법

실제로 현장에서 상권 분석을 할 때는 특정한 분석법을 집중적으로 사용하기 보다는 10가지 방법을 종합적, 유기적으로 활용해 분석하는 것이 권장된다. 특히 자신의 분석 목적에 따라 어떤 방법론이 가장 적합한지에 대한 나름의 점검이 필요하다.

접근성과 가시성을 따져라

접근이 용이해야 좋다

상가 입지 판단의 기준인 접근성이란 물리적이든 심리적이든 상가에 얼마나 쉽게 접근할 수 있는가를 따져보는 일이다. 접근성은 특히 대형슈퍼와 같은 핵점포, 버스정류장, 지하철역 등 생활편의 시설과 상가와의 거리에 의해 결정되는 경우가 많다. 주택지 상권에서는 더욱 그렇다. 당연히 동선상에 상가가 위치하고 있어야 접근성이 우수하다.

다만 점포 앞 공원, 6차선 이상의 도로(또는 철로) 등과 같이 물리적으로 상가 접근을 막는 경우가 있다. 또한 심리적으로 점포 접근성을 떨어트리는 경우가 있다. 상가 앞이나 옆에 카센터나 공작기계 등과 같은 C급지 업종이 있는 경우다. 상가 전면의 경사나 계단 및 화단 등도 역시 접근성을 떨어트리는 요인이다. 이러한 장애요소들이 있다면 설령 상가가 A급지에 있다고 하더라도 B급지 수준으로 매출이 하락한다는 것을 유념해 정확히 분석하도록 한다.

눈에 잘 띄어야 좋다

가시성이란 고객이 얼마나 쉽게 상가를 식별할 수 있는가를 말한다. 가시성은 상가와 보도의 접면 길이(상가 전면의 길이), 접면 수(코너 여부), 상가와 보도의 이격 폭(상가가 보도에서 안쪽으로 들어가 있는가 여부), 그리고 간판 위치 등에 의해 결정된다. 가시성이 좋다는 것이 어느 정도 거리에서 보았을 때를 의미하는지 명확한 답을 내놓기는 어렵지만, 사람들의 구매 행동을 통해 유추해볼 수 있다. 일반적으로 어떤 상품이나 대상을 인지하고 구매를 결심하기까지의 시간은 5~6초 내외인 것으로 파악되므로 분석대로 계산하면 약 7~8m 내외의 거리다. 즉 이 거리에서 상가가 눈에 띄어야 가시성이 좋다는 것이다.

한편, 상가 옆 건물이나 동일 건물, 동일 층에서 일찍 문을 닫는 업종이 있다면 가시성을 끊어버린다. 또한 가시성은 좋지만 푸시현상으로 떠밀려가는 상가는 좋지 않다. 지하철역 출입구는 대게 사거리의 코너에 위치해 있다. 하지만 지하철역에서 밖으로 나오는 사람들 때문에 저절로 떠밀려가는 상가는 A급지에 있어 가시성은 특급일지라도 실제 영업적 입지로는 B급지로 보면 된다.

접근성	가시성	입지수준
○	○	A급지
○	×	B급지
×	○	B급지
×	×	C급지

한 발짝이라도 가까운 곳이 이긴다

부산 해운대구에 위치한 씨클라우드호텔의 로비에는 GS25와 CU 두 편의점이 나란히 붙어 있다. 원래는 담배권을 보유한 CU 편의점이 호텔 바깥쪽에서 영업을 잘하고 있었는데, GS25 편의점이 담배권 없이 호텔 출입구 앞에 개점한 것이다. 아무래도 호텔 출입구 쪽 위치가 좋다보니 CU 편의점의 손님이 줄기 시작했다. 그래서 CU가 호텔 입구 쪽으로 자리를 옮기면서 GS 편의점과 나란히 맞붙었다.

호텔 입구에 나란히 붙어 있는 두 편의점

두 편의점의 면적은 비슷하고, 담배권은 CU 편의점만 갖고 있다. 위치는 GS 편의점이 출입구와 좀 더 가깝다. 이를 두고 CU 편의점이 이길 것으로 예측하는 사람이 많았다. 비슷한 위치에 담배권을 갖고 있었기 때문이다. 하지만 결과는 달랐다. 출입문과 좀 더 가까운 GS 편의점의 매출이 월등히 높았고, 시간이 흐르면서 점차 매출이 비슷해졌다고 한다. 일반적으로 담배권이 있는 매장의 매출이 월등히 높은 현상을 보이므로 여기는 매우 특이한 사례이다. 한 발짝이라도 출입문에 가까운 자리가 좋은 자리임을 입증하는 사례이기도 하다.

최상의 입지 조건 찾는 법

막상 상가 투자나 창업 구상에 들어가는 순간부터 신경 써야 할 게 한두 가지가 아님을 깨닫고, 지레 겁먹고 포기하는 경우가 많다. 하지만 그럴 필요는 없다. 가장 핵심적인 두 가지를 정확하게 결정하면 이후에는 실행과정에서 발생하는 문제를 해결하기만 하면 된다. 상가 투자와 창업의 두 가지 핵심열쇠는 '상권 및 입지 선정'과 '상권에 맞는 아이템'이다. 아이템을 먼저 선정할 수도 있고, 어디에서 사업을 할 것인지 먼저 정할 수도 있다. 사업 아이템과 상권은 전후 관계에 있는 게 아니라 동전의 앞뒷면처럼 붙어 있다는 이야기다.

점포 사업에서는 특히 상권 입지가 사업의 성패를 좌우한다. 총투자비용의 50~70% 이상이 점포 구입에 들어가는 만큼 창업자들은 어떤 아이템을 들고, 어디에서 사업할 것인지를 가장 신중하게 판단해야 한다. 그렇다고 투자를 많이 한 비싼 점포가 반드시 매출이 오르는 건 아니다. 또한 권리금이 과도하면 점포를 사거나 팔 때 거래 자체가 성사되기 어렵다. 월 임대료가 너무 비싸면 고정비 비율이 높아져 매출을 아무리 올려도 이익을 남기기 어렵고, 매장 규모가 필요 이상으로 크면 시설투자비나 감가상각 부담이 높아 역시 운영이 쉽지 않다. 이처럼 상가 투자나 창업을 위한 점포를 고를 때는 권리금이 높고 화려하게 꾸민 큰 점포를 봐야 하는 게 아니라 업종별로 유리한 상권에 특히 주목해야 한다.

창업의 입지조건을 찾는 데는 '넬슨의 입지선정 8원칙'을 참고하면 도움이 된다. 다음의 '입지 좋은 상가를 찾기 위한 체크리스트'에서 상중하를 체크하면서 다수의 상권과 입지를 스스로 점검할 수 있다.

구분	내용	평가		
		상	중	하
상권의 잠재력	고객을 흡인하는 정도			
접근 가능성	고객이 점포로 쉽게 들어올 수 있는 정도			
성장 가능성	상권과 점포의 매출액이 성장할 가능성			
중간 저지성	고객을 중간에서 저지할 수 있는 가능성			
누적 흡인력	업종이 유사한 점포가 몰려 있어 고객의 흡인력을 극대화할 수 있는 가능성			

구분	내용	평가		
		상	중	하
양립성	업종이 다른 상호보완 관계에 있는 점포가 고객의 흡인력을 높일 수 있는 가능성			
경쟁 회피성	기존 점포와의 경쟁에서 우위를 확보할 수 있는 가능성			
경제성	입지의 가격 및 비용 등으로 인한 수익성의 정도			

1. 상권의 잠재력

취급하는 상품이나 서비스의 시장점유율이 앞으로 확대될 가능성이 있는가 확인해야 한다. 해당 상권 내에 소비지출의 총금액과 다른 점포가 점하고 있는 비율을 검토해보면 추후의 잠재력을 가늠해볼 수 있다.

2. 접근 가능성

주변을 통과하는 가능성에 따라 입지조건을 확인하는 것으로 3가지 방법을 통해 검토할 수 있다. 독자적인 고객을 유치하는 백화점, 대형 슈퍼마켓 등의 '고객 창출형', 근접한 점포에 의해 흡인된 고객이 주변의 점포로 구매하러 가게 되는 '근린점 고객 의존형', 출퇴근이나 교통 이용으로 구매되는 '통행량 의존형'이 있다.

3. 성장 가능성

상권이 앞으로 성장하고 매출이 늘어날 가능성을 말한다. 인구 증가와 소득 수준의 상승이 기대될 수 있는 상권인가의 문제다.

4. 중간 저지성

주거지 또는 근무지와 기존부터 있던 경쟁 점포, 상점가의 중간에 입지해 고객을 중간에서 저지 가능한 입지를 말한다.

5. 누적 흡인력

같은 종류의 상품을 취급하는 일정수의 점포는 흩어져 있는 것보다 모여 있는 것이 좋다. 이처럼 누적흡인력이 좋은 점포는 주변에서도 쉽게 찾아볼 수 있는데, 용산전자상가나 동대문시장, 가구거리, 떡볶이거리 등이 누적흡인력이 좋은 입지에 해당한다.

6. 양립성

서로 상호보완 관계의 상품을 취급하는 점포가 근접해 있는 것을 말한다. 양립성이 좋으면 서로 시너지효과를 발휘할 수 있다. 병원과 약국, 안과와 안경원 등이 대표적이다.

7. 경쟁 회피성

경쟁력이 뛰어난 점포와는 경쟁을 피하는 것이다. 창업에 있어서는 되도록 경쟁이 적은 입지가 좋다. 다만 너무 회피하기보다는 경쟁력을 키우고 상호보완적인 업종을 선택하는 것이 좋다.

8. 경제성

입지의 비용과 생산성을 잘 분석해서 경제성을 높이는 것이다. 입지가 좋고 비싼 점포를 선택할지, 자금에 맞는 점포를 선택할지, 향후 이익을 예측해서 잘 따져봐야 한다

상권별 유리한 업종을 공략하라

상권은 크게 역세권이나 쇼핑몰을 중심으로 한 중심번화가와 사무실 밀집 지역인 오피스 상권, 주택가, 대학가 등으로 구분된다. 주된 소비계층과 소비패턴이 완전히 다르기 때문에 전혀 다른 업종으로 창업하거나 전혀 다른 전략을 짤 필요가 있다.

1. 번화가·쇼핑몰 상권

유동인구와 소비패턴 분석이 필수적이다. 유동인구가 많은 중심번화가의 추천 업종으로는 카페, 의류 판매점, 퓨전주점, 선술집, 액세서리 판매점, 귀금속 판매점, 이탈리안 레스토랑, 휴대전화 판매점 등이 있다. 특별히 러시아워가 정해지지 않아서 꾸준히 매장을 방문할 수 있는 요소만 갖춘다면 높은 매출을 기록할 수 있지만, 높은 매출을 올릴 수 없다면 실패할 확률도 높다.

2. 오피스 상권

먼저 오피스 상권은 주 고객층인 직장인의 특성을 파악해 접목하는 게 포인트다. 출퇴근길 전철과 버스정류장 등 교통시설과 업무시설 사이에 위치하는 장소가 우선적으로 추천된다. 오피스 상권의 대표 업종은 직장인을 대상으로 하는 외식업이다. 외식업은 빠른 조리와 서빙이 성공 포인트로 조리 속도가 빠른 설렁탕, 곰탕, 부대찌개, 김치찌개 등과 국수, 도시락, 삼각김밥이나 캐주얼 한식 등 분식점이 유리하다. 또한 식사 후 커피 한 잔을 전문점에서 즐기거나 테이크아웃 하는 경우가 많으므로 커피숍 역시 성공 가능한 아이템 중 하나다. 다만, 오피스 상권은 점심시간 매출을 잡지 못하면 문 닫을 위기에 처하므로 각별한 노력과 함께 저녁 매출 증대를 위한 마케팅 전략을 세워야 한다.

3. 아파트·주택가 상권

아파트 및 주택가 상권은 주부들이 소비 주도권을 갖는 경우가 많으므로 엄마의 마음을 붙잡아야 한다. 우선 외식업부터 살펴보면 주부들의 단체모임과 가족외식을 겨냥하는 것이 필수다. 칼국수나 샤

브샤브 전문점은 주부의 모임 장소로 인기를 얻는 대표적인 업종이다. 주택가의 외식업은 주중 매출만으로는 영업이 어려우므로 반드시 평일 낮 인근 직장인과 주부 모임을 유치할 수 있는 업종으로 선택하는 게 좋다. 이밖에도 교육사업, 유기농 전문점이나 정육점 같은 식품사업, 떡 전문점, 테이크아웃 피자, 건강식품점 등 다양한 업종을 선택할 수 있다.

4. 스쿨존

스쿨존도 주택가에서 뺄 수 없는 특성이다. 스쿨존에서 인기를 얻는 업종은 떡볶이 전문점, 아이스크림, 김밥 전문점, 햄버거 등의 분식 및 간식 업종이다.

5. 대학가 상권

대학가 상권은 학생들의 가벼운 주머니를 고려해 저렴한 가격과 아이템으로 승부해야 한다. 대부분의 대학가 상권에서는 테이크아웃 도시락, 삼각김밥, 컵밥, 돈가스, 떡볶이, 저가 중화요리 등 저렴한 가격대의 음식점들이 한 축을 형성하고 있다. 신학기, 기말고사 후 등 과목별, 학과별, 동아리별 단체 모임을 할 수 있는 넓은 공간을 가진 호프집이나 커피숍도 빼놓을 수 없는 업종이다.

흐르는 자리는 피하라

투자나 창업을 위한 점포의 입지를 선정할 때는 유동인구의 동선부터 파악해야 한다. 유동인구의 숫자를 직접 조사하기 위해서는 요일별(평일·주말), 시간대별 등으로 세분해 분석해야 하는데, 요일을 달리해 비슷한 시간대에 20분씩 세어보면 좋다. 아침 출근 시간에 20분, 점심 때 20분, 저녁 퇴근 무렵 20분씩 세어 그 숫자를 비교하는 것이다. 하지만 아무리 점포 앞을 지나는 유동인구가 많더라도 이들이 그냥 지나가기만 한다면 곤란하다. 이런 경우에는 대개 목적지를 향해 가는 사람들이 대부분이다. 이는 보행속도가 빠르다는 의미다.

통계 결과, 통근이나 통학의 보행 속도는 1초에 보통 1.5m 정도라고 한다. 그런데 쇼핑할 경우 1초에 1.2m 정도로 느리다고 한다. 따라서 유동인구의 보행속도가 빠른 곳은 흐르는 자리이므로 피해야 한다. 그럼에도 역세권의 흐르는 자리(출근길보다는 퇴근 통행 인구가 많은 곳이 좋다)에 창업을 하겠다면, 이곳은 짧은 시간에 구매가 이뤄지기 때문에 고가품보다는 중저가 위주의 의류, 액세서리, 화장품, 음식점 등 비교적 충동구매가 많은 업종을 선택하는 것이 유리하다.

반면, 주택지 대로변의 흐르는 자리는 생존과 직결된다. 갈수록 상권이 약해지기 때문이다. 사람의 심리는 미묘하다. 같은 물건, 같은 값이라도 좀 더 번잡스럽고 활기찬 곳에서 소비를 하려고 한다. 당연히 장사가 잘되는 쪽은 자기도 모르게 즐거워지고, 그 기분은 다시 손님에게 전해지고, 이렇게 유기적인 관계가 증폭되면 상가의 매출은 증가하게 된다. 이처럼 상가의 분위기는 손님에게 미치는 영향이 크고, 장사의 성패에도 많은 영향을 주는데, 처음부터 흐르는 자리에서 사업을 한다면 그런 분위기가 악순환을 초래해 결국 문을 닫는 경우가 많다.

결국 아무리 상권이나 입지에 대해 분석을 잘한다고 할지라도 투자하거나 장사할 상가가 흐르는 자리라면 다시 한 번 생각해봐야 한다. 상가의 분석은 치밀하고도 정확해야 한다. 한 번의 잘못된 투자의 결과는 막대한 후유증으로 연결되기 때문이다. 하지만 좋은 상가를 고르는 이론은 하루아침에 얻어지는 것이 아닌, 많은 발품을 팔아야 얻어지는 노력의 결과물이다.

\<Plus tip\>
군중심리

행동심리학에서 말하는 군중심리는 '다수를 따르는 게 내게 이득이 된다'는 믿음에 근거한다. 타당한지 아닌지 복잡하게 생각할 것이 없이 많은 사람들이 선택했다는 이유만으로 다수의 행동을 따르는 것이다. 이런 군중심리 때문에 사람이 많은 점포에 더욱 많은 사람이 몰리는 현상이 발생한다.

아파트 단지 내 상가 투자 방법

 아파트 단지 내 상가는 초보 투자자들이 접근할 수 있는 안정적인 투자처다. 별도의 상권이 없더라도 배후의 입주가구가 소비층으로 버티고 있어 독점적인 시장을 형성할 수 있다. 물론 가구수에 비해 전체 상가면적이 적을수록 유리하지만 여기서도 살펴봐야 할 점이 많다.

아파트 앞에 위치한 단지 내 상가

돈 되는 단지 내 상가 고르는 법

단지 내 상가 투자에서 성공하려면 먼저 아파트 단지 입주자 수와 성향을 분석해야 한다. 영업의 성패를 좌우할 거주 세대수는 최소 700세대 이상이어야 한다. 또 동일한 세대수라도 대형 평형보다 중소형 평형이 유리하다. 대형 평형의 입주자는 백화점이나 쇼핑센터 이용이 많기 때문이다. 다만, 중소형 평형이라도 평균 가구당 인원수가 3명 이하로 줄어든 만큼 보수적 거주 인원을 소비층으로 삼아야 한다. 상가 공급처도 사전 입지 분석 시 아파트 거주 인구를 가구당 2.7명 내로 계산하는 경우가 많다. 더불어, 단지 내 상가 수가 많은 경우 주상가와 부상가로 나뉘는 경우가 많으므로 소비층과 접근성이 가장 좋은 상가를 선택해야 한다.

아파트 단지 내 상가 가격은 1층을 기준으로 볼 때 지하층과 2층은 1층의 절반 정도의 시세가 형성되고, 3층의 경우에는 2층 가격의 80% 정도, 4층의 경우에는 2층 가격의 60% 정도로 시세가 형성되는 경우가 많다. 단지 내 상가는 편의점, 부동산 중개업소 등 일부 업종을 제외하고 월세 저항이 대부분 높다. 가구수가 빈약하거나 소비력이 낮은 아파트의 경우 세탁소, 미용실, 소형학원 등에서 월세 200만 원 이상을 내기에는 업종별 매출의 한계가 있기 때문이다.

단지 내 상가 투자 시 주의점

- 공급물량이 정해져 있고, 대부분 주민밀착형 근린생활 업종으로 점포당 매출에 한계가 있을 수 있다. 이에 반해 공개경쟁 입찰로 분양하는 경우 가격이 천정부지로 높아진다면 수익성이 상대적으로 낮아질 수 있는 위험도 있다.
- 입주 초기에는 높은 임대료를 받을 수 있으나 2년 정도 이후부터 주변에 다른 상업시설이 들어서면서 점차 임대료가 낮아지는 경우가 많다. 따라서 초기 임대료를 기준으로 투자의 수익성을 판단하기보다는 인근 유사지역의 아파트 단지 내 상가의 임대 수익률을 기초로 판단해야 한다.
- 대규모 택지개발지구나 신도시에서는 중심상업지역에 대형 쇼핑센터나 백화점 등이 들어서기 때문에 단지 내 상가 수요가 분산되어 수익성에 큰 차이가 날 수 있다.

금쪽같은 주상복합상가 찾는 법

주상복합상가는 공동주택과 상가가 일체화된 건물에 들어가는 것을 말하며 보통 저층부에 상가, 상층부에 아파트가 들어가는 형태다. 한 건물에서 주거와 상업시설을 집약해 편리함이 극대화되는 원리로 건축된 주상복합상가에 투자하기 전에 꼭 알아야 할 사항들을 짚어보자.

주상복합상가

투자 전 점검해야 할 필수사항은 다음과 같다.

1. 지역 이름값이 상가 가치를 결정하지는 않는다

주상복합상가가 들어가는 곳은 일반 상업지역의 요충지이자 업무시설이 밀집된 곳이 많다. 이런 곳은 토지값도 비쌀 뿐만 아니라 아파트 가격도 높고 업무시설의 임대료도 높은 곳이 많다. 그럼 이러한 지역적 특성이 주상복합상가의 가치를 담보해 줄 수 있을까? 일부 연관성은 있을 수 있으나 가치까지 결정해주는 건 아니다.

상가는 아파트와 달리 수익형 부동산으로서 수익을 창출해야 한다. 그러므로 수익을 창출하지 못한다면 그 상가는 가치가 떨어질 수밖에 없을 것이다. 따라서 동일한 점포 규모를 다른 곳보다 비싸게 샀다면 그만큼 월세를 높여 수익률을 유지해야 하는데, 현실적으로는 쉽지 않으므로 투자 수익률이 현저히 떨어진다. 예를 들어 강남의 상가 20평과 부산의 상가 20평 중 부산 지역의 상가가 매출이 높다면 결국 부산 지역의 상가가 더 가치가 높다고 할 수 있다. 평당 분양가가 초기에 얼마였는지, 그 지역의 토지가격이 얼마였는지 등과는 직접적인 상관관계가 없다는 뜻이다.

2. 상가의 규모나 업종을 꼼꼼히 살펴라

주상복합상가는 규모가 대형인 경우와 소형인 경우가 있다. 소규

모인 경우는 대게 편의점, 제과점, 김밥 전문점, 부동산 중개업소, 약국 등 근린편의시설이 많고, 대형인 경우에는 주요 집객시설이 중심이 되어 다양한 업종이 도입될 수 있다.

여기서 주의할 사항은 근린편의시설의 경우 철저하게 유동인구나 배후세대 규모 등을 따져봐야 한다는 점이다. 일반적으로 제과점 하나가 적정 수익을 내기 위해서는 배후 세대 규모가 1,500세대는 되어야 한다. 그런데 주상복합의 경우 아파트 규모가 이에 못 미치는 경우가 다반사이기 때문에 배후 세대 외에 부족한 고객은 주변에서 끌어와야 한다. 이에 따라 배후 인구 외에 이러한 유동고객을 얼마나 확보할 수 있느냐가 상가 활성화의 핵심 관건이 될 것이다.

3. 건축 조건을 따져라

상가는 고객을 끌어들여 영업하고, 수익을 내는 부동산이다. 따라서 고객을 끌어들이기 어려운 건축 조건이라면 그 상가의 가치는 떨어질 것이다. 주상복합상가는 일반상가보다 기둥과 동선(이동통로)이 복잡한 경우가 많기 때문에 구입하려는 상가가 고객을 유인할 수 있는 위치에 있는지 확인해봐야 한다. 이는 상가 전문가에게 문의해도 될 일이지만, 스스로 쉽게 파악할 수도 있다. '내가 이 건물에 들어간다면 이 위치에 있는 상가를 이용할 것인가?'라는 물음을 던지고 그 물음에 대한 솔직한 답을 구하는 방법이 그것이다.

4. 지나치게 높은 분양가는 피하자

한 지인이 주상복합상가를 평당 6,000만 원이 넘는 가격으로 30평을 분양받은 경우가 있었다. 분양 면적이 30평이니 전용면적은 15평에도 못 미치는 면적을 18억 원이 넘는 가격에 분양받은 것이다. 과연 이 점포에 어떤 업종으로 장사를 해야 그만한 수익을 얻을 수 있을까? 면적을 봤을 때 제과점, 분식점, 휴대폰 판매점, 소형학원 등이 들어올 수 있는 면적이다. 분양가를 감안했을 때 4% 수익률로 계산하면 월 임대료가 600만 원, 5% 수익률로 계산하면 월 임대료가 750만 원이 넘어야 한다. 여기에 부가가치세 10%는 별도고, 관리비까지 부담해야 하니 임차인이 부담해야 할 임대료는 월 800~900만 원에 달한다는 계산이 나온다. 과연 어느 누가 이 임대료를 내면서 수익을 낼 수 있을까?

결국 공실을 맞거나, 임대료를 낮춰 울며 겨자 먹기로 임대하는 방법이 있다. 낮은 임대료는 매매가의 하락을 불러오므로 이중으로 손해를 보는 것이다. 따라서 주상복합상가에 투자하려면 반드시 주변 상가의 임대료 수준을 알아봐야 한다. 주변 임대가와 상가의 분양가가 큰 차이를 보인다면 주의해야 한다. 이외에도 전용률(분양 면적 대비 점포 실면적), 주요 교통시설 및 인접 여부, 주변 상권 활성화 여부, 배후 주거 단지 규모 등에 대한 것도 함께 살펴봐야 한다.

여기서 잠깐! 왜 부가가치세를 환급해줄까? 간단히 말하면 내 뒤에 부가가치세를 대신 내줄 사람이 있다면 환급을 받는다는 개념으로 이해하면 쉽다.

상업용 오피스텔이나 상가 월세를 보면 부가가치세가 붙는다. 예를 들어 월세가 50만 원이라면 여기에 부가가치세 5만 원을 더해 55만 원을 임차인에게 청구한다. 임차인에게 받은 5만 원의 부가가치세는 임대인이 국가에 납부하는 것이다. 부가가치세는 소비하는 사람이 납부하는 세금이므로 공간을 사용하는 임차인에게 청구되는 것이다. 따라서 일반사업자등록을 한다는 것은 앞으로 이 상가에서 임대료(또는 매출)가 발생하고, 이에 대해 부가가치세가 발생한다는 뜻이므로 건물에 해당하는 부가가치세를 환급해주는 것이다. 같은 원리에서 주택으로 사용하면 부가가치세 환급이 안 되는데, 세법상 국민주택 규모 이하는 부가가치세가 면세여서 임대료 및 매출에 부가가치세를 과세할 수 없기 때문에 건물분에 해당하는 부가가치세가 환급되지 않는다.

<Plus tip>
부가가치세

부가가치세는 생산 및 유통 과정의 각 단계에서 창출되는 부가가치에 부과되는 조세로서 국세, 보통세, 간접세에 속한다. 물건을 구입하거나 각종 서비스를 제공받을 때 그 가격에 일정비율 붙게 되는 세금인데, 나이나 수입의 유무에 관계없이 소비를 하는 사람은 무조건 부담하는 세금이라고 생각하면 쉽다.

부동산 거래에서도 부가가치세를 내야 하지만 토지공급 및 국민주택(전용면적 85㎡ 이하) 공급은 부가가치세가 면세된다. 상가를 분양받을 경우 토지비와 건물비로 나뉘는데, 토지비에는 부가가치세가 과세되지 않고 건물비에 10%의 부가가치세가 과세된다. 따라서 총 상가 분양가격은 '토지비+건물비+건물비의 10%에 해당하는 부가가치세'로 구성된다. 예를 들어 토지비가 1억 원, 건물비가 2억 원이라면 총 분양가는 3억 2,000만 원(토지 1억 원+건물 2억 원+부가가치세 2,000만 원)이 된다. 이때 과세된 건물비에 대한 10%의 부가가치세는 일반사업자등록을 함으로써 환급받을 수 있다(간이과세자는 부가가치세를 환급받지 못한다).

부가가치세 환급받는 방법

부가가치세를 환급받으려면, 임대사업자(일반과세자) 등록이 필수다. 상가의 분양대금 납부는 계약금, 중도금, 잔금으로 진행되고, 대금이 납부될 때마다 세금계산서가 발행된다. 이때 발행된 세금계산서의 부가가치세를 환급받을 수 있다. 상가 분양 계약 후 20일 이내에 사업자등록을 하면 부가가치세 환급이 가능하다.

만약 때를 놓쳐 사업자등록도 안하고 세금계산서도 발급받지 않았다면 부가가치세를 영영 환급받지 못할까? 그렇지 않다. 부가가치세 확정신고 기간의 만료일은 1월 25일과 7월 25일로 일 년에 두 번이다. 1월 1일~6월 30일 사이에 상가를 계약한 사람은 7월 20일까지 사업자등록을 하고 7월 25일까지 부가가치세 환급을 신청하면 된다. 7월 1일~12월 31일 사이에 상가를 계약한 사람은 이듬해 1월 20일까지 사업자등록을 하고 1월 25일까지 부가가치세 환급을 신청하면 된다.

부가가치세 환급 신청 시 필요서류
- 계약서 사본
- 사업자등록증 사본
- 환급받을 통장 사본
- 세금계산서
- 대리인의 경우 : 위임장

환급 절차 (3개 중 택1)

① 국세청 방문
계약한 상가의 소재지 관할세무서 민원봉사실에 찾아간다. 이때 준비물은 상가계약서, 신분증, 인감도장이다.

② 국세청 홈택스에서 온라인 신청
세무서에 방문하지 않고 국세청 홈택스(www.hometax.go.kr)에서 온라인 신청할 수 있다. 상가 계약서를 스캔한 파일, 본인의 공인인증서를 준비하면 된다.

③ 세무사 사무소 방문
계약한 상가 근처의 세무사 사무소에 맡겨 진행할 수 있다. 수수료는 들지만 등록을 대신해주니 편리하다.

Part 7
나만
알고 싶은
상가 투자 비법

Learn more >

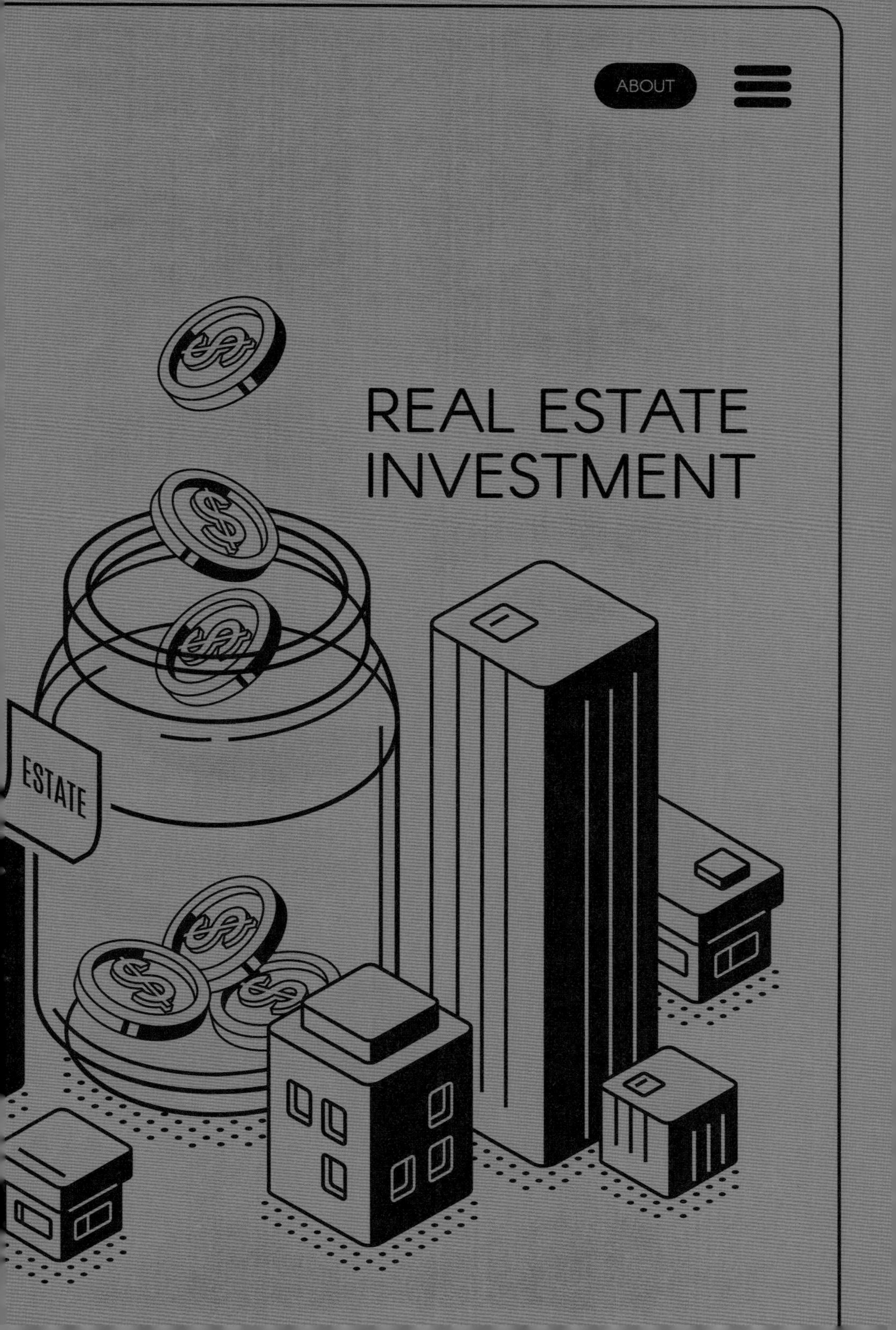

ABOUT
REAL ESTATE
INVESTMENT
ESTATE

투자 시 조심해야 할 13가지 상가 유형

1. 유동인구가 없으면 상가의 가치도 형편없다

강남역 메인 출구의 지하상가 면적 13㎡(약 4평)의 점포는 8~10억 원 가격에 거래되고 있다(단, 시기에 따라 시세차이가 있다는 점은 참고 바람). 그러나 강남역 인근 건물에 위치한 면적 23㎡ 지하상가의 시세는 온라인 부동산 매물에서 2억 2,000만 원으로 확인됐다. 왜 같은 지역에 위치한 상가인데 가격 차이가 날까? 바로 유동인구가 다르기 때문이다. 강남역은 하루 평균 약 20만 명의 사람들이 지나다닌다. 그렇기에 잠재된 소비자가 많은 강남역의 지하상가가 더 높은 가치로 평가되는 것이다. 이처럼 유동인구는 상가의 매출에 직접적인 영향을 끼쳐 수익률에도 반영된다. 따라서 가격이 저렴하다는 이유로 유동인구가 없는 상가에 섣불리 투자한다면 공실이 이어질 수 있고, 되팔 때도 어려움이 있을 수 있다.

2. 왜 여기서 사? 저기 쇼핑몰 가면 다 있어

여러분이 투자하려는 상가 주변에 대형 쇼핑몰 또는 백화점이 있으면 유동인구가 많아 그 상가는 좋은 투자처라고 여기기 쉽다. 물론 신축의 분양사원들도 이렇게 강조하는 경우가 많다. 하지만 대형 쇼핑몰 때문에 주변의 상권은 매출에 피해를 받는다는 조사 결과가 여러 번 나와 있다. 따라서 투자를 원하는 상권에 유동인구가 많다면 왜 많은지, 유동인구가 상가에는 유입되는지를 살펴야 한다. 만약에 상가에는 유입이 되지 않고, 유동인구만 많다는 결론이라면 투자를 지양해야 한다.

3. 같은 역세권 상가라도 천지차이이다

주변 상권, 유동인구, 상가의 외형 등 모든 조건이 완벽해도 투자하기 좋지 않은 상가도 있다. 바로 사람들이 등지는 상가인데, 사람들의 시선과 발길이 닿지 않고 흘러가는 상가를 말한다. 예를 들어 사람들이 많이 다니는 지하철역 주변의 상가여도 출입구를 등지고 있는 상가라면, 사람들이 상가에 찾는 경우가 적으므로 좋은 상가가 아니다. 이외에도 버스정류장, 역사, 주요시설(산업단지, 관공서 등) 맞은편에 있는 상가도 사람들의 발길이 닿지 않으므로 이런 상가에 투자하는 것은 신중해야 한다.

4. 주차 공간 찾아 삼만 리

여러분이 옷을 사려고 한다. 차로 10분 거리에 있는 옷가게는 주차시설이 없는 곳이고, 15분 거리에 있는 옷가게는 주차시설이 잘 갖춰져 있다. 어디로 가겠는가? 아마 15분 거리에 있는 곳으로 가는 경우가 많을 것이다. 2019년을 기준으로 대한민국의 차량 등록대수는 2,300만 대를 넘어섰다. 전체인구 중 2.3명이 차량 한 대를 보유하는 셈이다. 도로 갓길의 불법주차 단속이 강화되면서 같은 조건이라면 주차 공간이 편리한 곳을 찾는 사람들이 많다. 이처럼 주차문제는 매출에 밀접한 관계가 있으므로 주차시설이 충분하지 않은 상가는 투자를 자제하는 것이 좋다.

5. 손님은 안 오고, 고칠 곳은 많은 허름한 상가

상가의 임대 수익과 투자 가격이 비슷하다면 되도록 신축건물의 상가에 투자하는 것이 좋다. 오래된 건축물은 외형상으로 보기 좋지 않을뿐더러, 누수 및 외벽 균열 등의 잦은 수리가 필요할 수 있기 때문이다.

6. 월세가 싸고, 권리금이 없다?

　상가의 매매 가격이 저렴해도 월 임대료나 권리금이 싼 상가는 피하는 것이 좋다. 월세가 지나치게 저렴한 상가를 매입하면 나중에 팔 때 가격을 낮게 받을 수밖에 없다. 권리금도 마찬가지다. 권리금은 점포를 팔지 않고 장사를 계속할 경우 점포를 갖추는 데 들어간 각종 시설비와 벌어들일 수 있는 영업 수익을 보상해주는 성격의 금액이다. 장사가 잘되는 곳에는 높은 금액의 권리금이 형성돼 있다. 따라서 권리금이 낮거나 없다면 장사가 잘되지 않는 상가일 가능성이 높아 투자자가 임차인을 구하는 데 어려움이 있을 수 있다.

7. 주변에 공실이 많은 상가

　주변에 임대나 공실이 많다면 투자를 피하는 게 좋다. 특히 신도시의 상가 공실 리스크는 여러분이 상상하는 그 이상이다. 신도시의 상가에 투자하면 얼마 만에 임차인을 구할 수 있다고 생각하는가? 1개월? 3개월? 6개월? 천만의 말씀이다. 매입 직후부터 지

준공 후에도 공실인 상가들의 모습

속적인 공실의 경우, 입지에 따라서 짧게는 1년, 길게는 3년 이상도 공실 리스크가 언제든 존재한다.

8. 스트리트형 상가

소비자 트렌드의 변화로 상가 시장에도 다양한 형태의 상가가 등장하는데, 이런 변화의 대표적인 추세가 스트리트형 상가다. 스트리트형 상가는 상가 하나에 다양한 거리형 상가를 주제별로 입점시켜 집객력을 높이는 방식이다. 스트리트형으로 길게 늘어선 상가는 보기에는 좋을지 몰라도 투자 전에 반드시 개수를 따져봐야 한다. 상권과 입지에 비해 지나치게 많은 상가가 있는 경우가 적지 않기 때문이다. 상가 숫자가 많으면 업종의 중복이 심해 입점 업체들의 수익성을 악화시키고, 결국 임대료 하락을 불러오는 경우가 많다.

스트리트형 상가의 모습

9. 경사도가 심한 상가

경사가 높은 곳에 위치한 상가는 사람들 눈에 띄지 않고, 유동인구도 적은 게 사실이다. 예를 들어 경사진 상가에 김밥집이 있는데, 아래 도로에 김밥집이 또 있다면 손님이 경사진 상가까지 굳이 갈 이유가 없는 것이다. 또한 경사가 심하다보니 주변을 둘러보기보다는 이동해서 목적지로 가는 데 집중하게 되어 집객력이 더욱 떨어진다.

경사로에 위치한 상가

10. 대로변에 있는 상가

도로가 넓다고 좋은 게 아니다. 도로가 커서 통행하는 차량이 많으면 주차가 불가능하다. 게다가 요즘은 주차단속카메

큰 대로변에 위치한 상가

라의 보급이 늘고 있어서 차라리 이면도로가 주차에 좋을 수 있다. 또한 도로가 넓다는 것은 걸어 다니는 유동인구가 적을 수 있다는 것을 의미한다. 걸어 다니는 손님들이 없다면 구매까지 연결되는 손님이 적을 가능성이 높으므로 뛰어난 창업전략이 없다면 피하는 것이 좋다.

11. 지방대학교 앞의 상가

지방대학교 앞 투자가 점점 위험해지고 있다. 대학이 문을 닫는다면 그 앞의 원룸, 상가의 가치는 뻔한 게 아닌가? 실제 정부는 2015년부터 사실상 지방대학교의 단계적 폐교 수순에 들어갔다. 절대평가로 대학을 총 5개 등급(A~E등급)으로 나누고, A등급을 제외한 나머지 4개 등급 대학교는 강제로 정원을 감축하고 있다. 첫 평가 때, 전체 대학의 85.4%(281곳)에서 정원 2만4,000명이 줄었고, 2018년에는 대학 4곳(대구외대, 대구미래대, 서남대, 한중대)이 폐교됐다. 따라서 지방대학교 앞의 상가 및 원룸 등 수익형 부동산은 학교만 믿을 게 아니라 폐교를 해도 살아남을 대안이 있는지 따져보고 투자해야 한다.

폐교로 공실이 된 한 지방대학교 앞 상가

대학 입학 정원	48만 3,000명
대학 신입생 수	42만 7,566명
미충원 예상 인원	5만 6,000명
예상 폐교 대학교 수	총 38개 대학(4년제 22곳, 전문대 16곳)

2021년도 학령인구 감소에 따른 예상 폐교 대학 수 자료   출처 : 교육부

12. 면적이 큰 상가

평수가 큰 상가를 선호하는 투자자들이 있다. 물론 면적이 크면 은행, 대규모 고깃집, 프랜차이즈 등이 입점하기 수월한 점이 있지만, 입지가 좋지 않거나 임대조건이 맞지 않으면 제 아무리 우량 업종이라도 입점을 꺼리게 된다. 이런 경우 임차인을 구하기가 쉽지 않다. 면적이 적으면 대출금과 관리비 부담도 적다. 그러나 면적이 큰 상가는 목돈을 대출받아 투자하는 경우가 많은데, 공실이 지연되면 이자를 내기도 버거워진다. 또한 관리비 부담까지 가중되니 버티기 더욱 힘들다. 따라서 해당 상가의 입지가 어떤지, 들어올 수 있는 업종은 무엇인지, 임대료를 내면서 임차인이 수익을 낼 수 있을지 따져봐야 한다.

13. 오피스가 밀집한 지역

오피스가 밀집한 지역은 낮 12시부터 2시 사이인 점심시간대에 많은 손님이 몰린다. 점심 손님은 대부분 단품 위주의 식사를 하다보니 1인당 평균 소비가가 6,000~9,000원 내외다. 그로 인해 저렴한 가

격을 유지하면서 박리다매로 이익을 남기려는 전략을 구사하는 곳이 많다. 요즘은 회식을 자제하는 분위기 속에서 저녁 매출이 들쑥날쑥한 편이다. 또한 가장 큰 근심은 오피스 상권의 특성상 주말 방문율이 현저히 낮다는 점이다. 따라서 평일 점심 손님 위주로 장사하면서 임대료 및 인건비를 내고 장기간 매장을 유지할 수 있는 점주가 과연 얼마나 될지 생각해봐야 한다. 점주가 버티지 못하면 매장 공실로 이어지기 때문이다.

\<Plus tip\>
관리비를 항상 염두에 두라

관리비는 매우 중요하다. 실 평수 10평 상가가 공실 시 관리비는 5~8만 원 정도 나올 거라고 생각하는 사람이 많다. 하지만 에스컬레이터와 엘리베이터가 많고, 주차장이 넓어 전용률이 많이 떨어지는 상가는 실 평수 10평인 상가의 관리비가 50~60만 원이 넘는 경우도 있다. 또한 관리비는 실면적을 기준으로 계산하는 것이 아니라 분양 면적을 기준으로 계산한다. 만약 10평의 실 면적이 필요하다면 20평형대를 구해야 하는 만큼 평당 임대료나 관리비가 크게 증가할 수 있다는 사실을 주의해야 한다.

일부 상가 매수자는 관리비를 무시하는 대범함(?)을 보이기도 하는데, 이는 매우 위험한 생각이다. 임차인이 관리비가 부담스러워서 장사를 접었고, 이후 공실이 이어진다면 임대인이 고스란히 높은 관리비까지 부담해야 하므로 이중고가 된다. 높은 관리비는 임대인 및 임차인 모두에게 부담스러운 존재이므로 상가를 매수(또는 임차)하기 전에 관리비 수준이 어느 정도인지 꼼꼼히 짚어보는 자세가 필요하다.

방위에 따른 상가 선택

주택을 고를 때는 남향을 선호한다. 고도가 낮은 겨울에는 일조시간이 길어 따뜻하고, 고도가 높은 여름에는 시원하기 때문이다. 그렇다면 상가도 남향을 선호할까? 그렇지 않다. 예를 들어 신선식품인 채소와 과일, 생선을 취급하는 가게를 운영하고자 할 때는 가능한 햇볕이 많이 드는 방향을 피해 북향 점포가 적당하다. 남향이나 남동향 점포일 경우 햇볕으로 상품이 빨리 시들거나 쉽게 상하기 때문이다. 또한 여름철에는 냉방비가 많이 들고, 그늘을 위해 차양을 치다 보면 점포 앞 매대 진열에 지장이 생기는 등 여러 약점이 드러난다.

의류 가게도 마찬가지다. 햇볕으로 의류가 빨리 탈색되기 때문에 북향이 좋다. 사무실도 남향은 햇볕이 많이 들어와서 컴퓨터 화면

이 잘 보이질 않아 피하는 경우가 많다. 물류도 도로와 방향이 중요하다. 물류 장소가 남향이나 남동향일 경우 햇볕에 노출되는 시간이 길어 상품을 하차할 때 온도에 민감한 식재료나 신선식품은 빨리 시들거나 부패할 수 있기 때문이다. 특히 돼지고기나 쇠고기 등 육류는 이런 부분에서 아주 취약하다.

이처럼 상품이나 서비스에 따라 방위를 보고 점포를 마련해야 하는 경우가 있으므로 영업할 업종에 따라 방위를 살펴보는 지혜를 갖춰야 한다.

방위의 영향을 받는 업종

물론 저녁시간 이후 영업하는 업종이나 장사가 잘돼 상품 회전율이 높은 코너 입지는 방위에 신경 쓸 필요가 별로 없다. 예를 들어, 음식점이라도 저녁시간에 장사하는 삼겹살 전문점, 꼬치구이 전문점, 치킨 호프집과 커피, 베이커리 등 회전율이 높은 테이크아웃 전문점이나 배달 전문점은 방위의 영향을 거의 받지 않는다.

메인도로가 좋을까?
이면도로가 좋을까?

메인 도로변에 투자하는 게 좋을까, 이면도로에 투자하는 게 좋을까? 한 번쯤은 고민해봤을 문제다. 유흥상권으로 유명한 홍대입구역은 메인도로보다 이면도로 중심 상권이다. 강남역도 마찬가지다. 중심이 되는 강남대로변보다 한 블록 들어간 도로가 강남역의 중심 상권이다. 이처럼 어느 정도 규모가 있는 상권들은 하나같이 메인 도로가 아닌 안쪽으로 들어간 이면도로가 진정한 상권이 되고 있다. 왜 그럴까

그 이유는 바로 임대료 때문이다. 최초에는 메인 도로에 모든 것이 들어가 있다가 도로가 커지고 유동인구가 많아지면서 대로변의 건물 가치는 크게 상승한다. 또한 대로변의 건물들은 재건축 및 증축

을 통해 규모를 키워나가는데, 이렇게 되면 임대료 상승을 불러와 최초에 입점했던 가게들이 감당하기 힘들어진다. 그래서 비교적 임대료가 저렴한 안쪽으로 가게를 옮기는 경우가 많은데, 이 영향으로 상권이 넓어지면서 또 다른 분위기의 소규모 상권이 형성된다. 이곳은 차량 통행도 많지 않고, 버스정류장 등으로 혼잡하지도 않아 비교적 걷기 좋은 환경이 된다.

메인 대로변은 가시성이 뛰어나므로 분양가가 비싸다. 큰 규모와 높은 임대료는 결과적으로 대기업 계열의 사업이

사람들로 붐비는 이면도로의 상권

입점할 수밖에 없는 요인이 된다. 이런 곳은 노출을 노리는 차량 및 가전 등의 전시판매장, 대기업의 프랜차이즈 등 가시성을 바탕으로 브랜드의 홍보 및 판매를 위한 업종들이 입점하게 된다. 따라서 장사가 잘되는 지역이라면 큰 도로변보다는 안에 숨어 있는 이면도로가 투자수익률이 높은 경우가 많으므로 이면도로에서 좋은 상가를 찾는 것도 노하우다.

업종 제한,
약일지 독일지 확인하라

'동종업종 입점 불가'를 알리는 안내문

내가 강의를 위해 방문하는 빌딩 안에 붙어 있는 안내문의 모습이다. 안내문이 붙어 있지 않더라도 상가관리규약으로 동종업종 불가를 지정하는 곳이 많다. 업종을 독점으로 지정하는 게 불법이 아니냐고 가끔 물어보는 분들이 있는데, 법적으로 문제가 없다. 상가관리규약은 상가 소유주들의 그룹인 관리단에서 업종제한을 규정할 수도, 해제할 수도 있다(참고로 상가번영회는 소유주든 아니든, 장사하는 사람들의 그룹이라 큰 힘이 없다). 상가건물 수분양 시에 일정한 호실에 독점권을 주거나, 상가관리규약을 통해 동종업종으로 매도하거나 임대하지 못하도록 규정하는 규약에도 불구하고, 이웃 가게에 동종업종이 입점한 경우 영업금지가처분 또는 영업금지소송과 손해배상소송을 제기할 수 있다.

대법원 2009다61179 판결

건축주가 상가를 건축해 각 점포별로 업종을 정해 분양한 후에 점포에 관한 수분양자의 지위를 양수한 자 또는 그 점포를 임차한 자는 특별한 사정이 없는 한 상가의 점포 입점자들에 대한 관계에서 상호 묵시적으로 분양계약에서 약정한 업종제한 등의 의무를 수인하기로 동의하였다고 봄이 상당하므로, 상호간의 업종제한에 관한 약정을 준수할 의무가 있다고 보아야 하고, 따라서 점포 수분양자의 지위를 양수한 자, 임차인 등이 분양계약 등에 정해진 업종 제한 약정을 위반할 경우, 이로 인하여 영업상의 이익을 침해당할 처지에 있는 자는 침해배제를 위해 동종업종의 영업금지를 청구할 권리가 있는 것이다.

상가의 업종제한 약정이 얼핏 보면 매우 좋은 혜택 같지만, 항상 유리한 것은 아니다. 예를 들어 상가가 220개 있는데 편의점 독점이라면 보통 좋다. 메디컬빌딩에 지속적으로 병원이 유지되는 상황에서 약국독점은 좋다. 하지만, 파리바게트가 옆 건물에 있는 상황에서 해당 상가가 빵집으로만 지정되어 있다면 다음 임차인이나 매수자도 빵집만을 입점시켜야 하므로 곤란하다. 사업이 영업부진을 겪어도 업종을 변경할 수 없기에 임차인은 장사가 안 될 경우 그대로 사업을 접어야 하는 경우가 생긴다. 임대인 역시 타 업종을 들일 수 없어 공실이 오래 지속될 수 있다. 다만, 관리규약 내용에 따라 해당 업종만 입점가능한지, 아니면 해당 업체가 있을 경우 동종업종은 입점이 불가능한지 여부를 꼼꼼히 살펴야 한다. 한 사례를 살펴보자.

제과점이 폐점한 뒤 찜닭집이 입점한 모습

해당 건물에 입점한 S제과점은 관리규약에 따라 빵집 독점을 보장받았다. 하지만 이후 맞은편 건물에 파리바게트 빵집이 들어오면서 매출이 줄어 2년 뒤 결국 폐점하고 말았다. 그 뒤 이곳에 들어온 업체는 빵집이 아니라 찜닭집이다. 어떻게 이런 일이 가능했을까? 해당 관리규약에는 '상가 건물 내에 S제과가 있는 한 동종 빵집 입점을 금한다'는 규약이 있었다. 따라서 S제과가 있을 때 다른 호수에 빵집이 들어올 수는 없다. 하지만 S제과가 폐점된 뒤에는 같은 상가 건물에 빵집이 들어올 수 있다. 또한 해당 호수도 빵집만 해야 한다는 규정은 아니므로 다른 업종이 입점할 수 있는 것이다.

따라서 신규상가를 임대하거나 새로운 업종을 임대하는 경우 분양계약서나 관리단 규약에 의해 업종제한 관련 규정을 꼼꼼히 살펴야 한다. 해당 호수에는 영구적으로 지정된 업종만 들어올 수 있는지, 아니면 해당 호수에 독점권을 부여해 그 업종이 들어온 경우 다른 호수에 같은 업종이 들어오는 것을 방지하는 규정인지 말이다. 사소한 문장 차이 같지만, 실제 적용면에서는 매우 큰 차이므로 잘 살펴보길 바란다. 건물이 클수록 많은 이해관계가 충돌하므로 한 번 지정된 관리규약을 변경하기란 매우 힘들다.

<Plus tip>
틈새를 막아라

업종제한과 관련해 억울함을 호소하는 내용이 한 번씩 뉴스에 나오는데, 다음과 같은 사례다. 예를 들어 A가 101호에 약국을 독점으로 분양받았다. 그런데 B가 102호에서 약국을 개점했다. 이에 발끈한 A가 소송을 걸었으나 패소하는 일이 발생한다. 왜일까? A계약서에는 '약국 독점'이라는 조항이 있으나, B계약서에는 약국에 대한 아무런 언급이 없는 경우가 이런 예다. 따라서 A가 약국 독점을 안정적으로 보장받으려면 분양받을 때 계약서에 특약을 한 줄 적어야 한다. '다른 호실에 약국이 입점하는 경우 시행사는 그 즉시 위약금 10억 원을 배상한다' 이런 식으로 말이다. 내 계약서만 중요한 게 아니라, 다른 호실의 계약서도 중요하니 반드시 이런 특약이 필요하다는 사실을 기억하자.

1층은 상가 투자의 꽃

상가 투자의 꽃은 1층이다. 층수가 올라갈수록 수익률은 약간 상승하지만, 공실 위험이 크고 매수 수요가 별로 없기 때문이다. 다만 문제는 1층 상가의 분양가가 비싸다는 점이다. 통상적으로 상가 1층을 100이라고 봤을 때, 2층은 1층의 30~40% 사이, 3층은 2층의 80%, 4층은 3층의 80% 정도의 수준으로 가격이 책정된다. 5층 이상부터 최상층 바로 아래층까지는 접근성이 비슷하다고 판단되기 때문에 가격대도 유사한 수준으로 책정된다. 최상층의 경우 테라스나 옥상 활용이 가능하다면 바로 아래층보다 3.3㎡당 40~50만 원가량 비싼 가격으로 공급되는 추세다.

상가의 적정 크기는 층별로 보면 1층은 전용면적 33~66㎡(10~20

평)사이, 2층은 83~99㎡(25~30평)정도, 3층은 132~165㎡(40~50평)가 적당하다. 층이 높을수록 상가의 크기가 커져야 좋은데 이것은 상가의 가격, 수익률과도 밀접한 관계가 있다. 1층은 규모는 작지만 접근성과 가시성이 가장 좋고, 테이크아웃 포장 서비스 등을 활용하면 면적의 한계를 극복하고 매출을 올리기에 용이하다. 또 업종의 제한도 적기 때문에 1층은 크기가 작더라도 수익률이 잘 나오는 경우가 많다.

반면 2층 이상의 경우 점포의 전용출입구가 없고 계단이나 엘리베이터를 이용해야만 접근할 수 있어 고객의 발길이 닿기 쉽지 않아 불리하다. 층수가 높을수록 공간이 넓고 쾌적하지 않으면 고객을 유치하기 어려울 수 있다. 특히 3층 이상 상가는 매도에 힘들 수 있으니 투자에 신중하기를 바란다. 다만 본인이 직접 병원이나 학원 등을 운영하는 경우는 매수하는 게 좋을 수 있다.

실제로 서울 강동구 ○○상가에서 병원을 운영 중인 원장님의 전화를 받은 적이 있다. 3층 상가에서 임차인으로 있던 이 원장님에게 임대인이 해당 상가 건물을 매수할 것을 권했다고 한다. 그렇지 않으면 계약연장을 하지 않겠다고 말이다. 병원이 성업 중이고 인테리어 투자에도 꽤 큰돈이 소요되어 다른 곳으로 이전하기 마땅치 않았던 원장님은 결국 해당 상가를 매수하기로 했다. 매수금액은 분양가에 2억 원을 더한 가격이었다. 3층임에도 해당 임대인은 성업 중인 우량 임차인 덕분에 2억 원의 시세 차익을 보고 건물을 매도할 수 있었다.

이런 경우 원장님이 처음부터 분양을 받았다면 2억 원을 아낄 수 있었을 것이다.

따라서 투자용이 아닌 실사용 목적이라면 2층 이상의 상가를 분양받는 것도 좋은 방법이다. 이 또한 입지가 전제됐을 때 말이다. 더불어 경매가 진행되는 상가의 높은 층을 저렴하게 낙찰을 받아서 차익을 남기고 파는 경우가 있는데, 아무리 저렴하더라도 입지가 받쳐주지 않으면 공실의 가능성이 크므로 반드시 전문가와 의논 후에 입찰에 들어갈 것을 권한다.

1층 상가가 좋다는 뜻은 우량한 입지가 뒷받침됐을 때를 말한다. 일부 상가 투자자들은 앞뒤 말 다 잊고 '1층이 좋다더라'만 기억하는데, 이런 생각은 위험하다.

상가는 수익형 상품이다. 매입가격 대비 몇 %의 수익률이 나오느냐에 따라 가치가 정해진다. 그런데 1층만 고집하면 나쁜 입지의 1층 상가를 비싸게 사기 십상이다. 입지가 나쁘면 1층 상가도 임대료가 턱없이 낮아진다. 심지어 1층임에도 오랫동안 공실인 경우도 많다. 상가 하나 사서 노후를 대비하려고 했는데, 월세를 받는 꿈은 상상 속에 머물러 있고, 대출이자에 관리비까지 더해져 노후가 더욱 위협받을 수 있다. 결론적으로 상가 공급량이 적은 우량 입지의 1층 상가가 좋고, 2층 이상일수록 투자에는 신중하되, 실사용 목적이라면 직접 매입하는 것도 좋은 방법이다.

같은 1층임에도 성업 중인 건물 vs 공실이 많은 건물

쾌적함이 오히려
독이 될 수 있다

    부동산은 용도에 따라 입지조건이 달라진다. 주택지의 입지조건에는 쾌적성(환경조건)·편리성(생활조건)·접근성(통근조건)이 중요하다. 공해가 없고, 재해방지 및 상하수도 정비가 잘된 곳이면서 병원·시장 등 편의시설과 가까워야 한다. 또 교통비용 및 시간이 적게 들어야 한다. 이에 반해 상업지의 입지조건은 수익성, 접근성, 가시성이 중요하다. 전체 상권의 힘이 강한 곳이 좋으며, 상가입지는 접근성이 좋아야 하고, 눈에 잘 띄는 곳이 좋다. 공업지는 생산성과 비용성을 따져야 한다. 즉 생산비와 수송비가 절약되는 곳이 좋다. 농·임업지의 경우 기후조건이 좋고, 토양이 양호한 곳이 좋다.

    주거입지와 상업입지는 완전히 다르다. 주거지는 쾌적하고 편리하면 입지가 좋다고 하는 반면, 상업지는 쾌적하고 편리하면 오히려 상권에 저해요소로 작용한다. 왜냐하면 쾌적하면 접근성과 인구밀도가 떨어져 상권에 저해되기 때문이다. 쾌적하다는 것은 그만큼 녹지공간이 많아야 하는데, 그 공간만큼 거주인구가 없어서 전체적으로 인구밀도가 낮을 수밖에 없다. 또한 녹지공간은 접근성을 떨어뜨린다. 인구밀도가 낮은 만큼, 접근성이 떨어지는 만큼 상권발달에 장애로 작용하는 것이다.

지방도시가 서울 등 대도시에 비해 장사가 안 되는 것은 소득수준이 낮아서라기보다는 인구밀도가 낮아서다. 중소형 상가의 소비자는 걸어서 오는 고객이 대다수다. 결국 일정범위 내 지역에서 오게 된다. 이것이 소위 말하는 1차 상권이다. 업종에 따라서 그 범위는 다르지만 대부분의 업종은 반경 500m 이내다. 따라서 그 일정 범위 내 인구밀도가 중요할 수밖에 없다. 신도시의 경우도 마찬가지다. 상권이 좋지 않은 것은 인구밀도가 낮고, 공원 등 녹음 공간이 곳곳에 산재해 있어 접근성을 떨어뜨리기 때문이다. 더불어 신

대다수가 공실로 남아 있는 세종시의 한 건물

도시 상권이 좋지 않은 또 다른 이유는 상업지 비율이 지나치게 높은 것과 교통이 편리해 사방팔방으로 분산되기 쉬운 점이다.

진짜 좋은 가격인지는
전용률을 따져봐야 안다

"사장님, 저기 A상가는 평당(3.3㎡) 분양가가 2,000만 원인데, 여기 B상가는 평당 1,500만 원이니 B상가를 사시는 게 훨씬 이득입니다."

다른 조건은 같다는 전제에서 누군가 여러분에게 이런 말을 한다면 어떻게 할 것인가? 권하는 대로 B상가를 계약하겠는가? 그래서는 안 된다. 덥석 상가를 계약하기 전에 먼저 전용률을 따져봐야 한다. 전용률이란 복도, 계단, 화장실 등 공공시설의 면적을 제외한 나머지 면적이 분양면적에서 차지하는 비중으로 실제 사용하는 면적이다. 이 전용률은 유형별, 지역별로 적게는 30% 초반에서 많게는 80%까지 천차만별이다. 분양면적 30평일 때 A상가는 6억 원, B상가는 4억 5,000만 원이 소요되니 B상가가 훨씬 저렴하게 느껴질 것이다. 하지만 A상가의 전용률이 60%고, B상가의 전용률이 40%인 경우, 사용할 수 있는 전용면적은 A상가가 18평, B상가가 12평이다. 그렇다면 실질 분양가는 A상가가 약 3,300만 원, B상가는 약 3,700만 원으로 A상가가 더 저렴한 투자가 될 수 있다.

다만, 전용률이 높다고 무조건 좋은 것은 아니다. 우선 다음의 그림을 살펴보자.

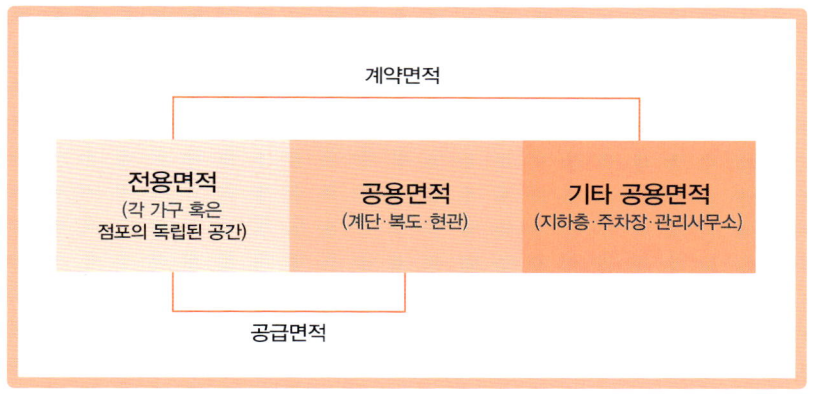

면적에는 각 점포가 독립적으로 사용하는 전용면적, 계단·복도·현관 등의 공용면적, 지하층·주차장·관리사무소 등의 기타 공용면적이 있다. 아파트는 전용면적과 주거공용면적을 합한 것이 공급면적 전용률을 산정하는 기준이 된다. 이때 기타 공용면적은 반영하지 않는다.

하지만 상가는 전용면적과 공용면적, 기타 공용면적을 모두 합한

계약면적으로 전용률을 계산한다. 즉, 전용률은 아파트의 경우 전용면적이 공급면적에서 차지하는 비율이며, 상가는 전용면적이 계약면적에서 차지하는 비율이 되는 것이다. 평균적으로 아파트 전용률이 70~75%이면 상가는 50~60%대로 낮은 이유가 여기에 있다.

그렇다면 상가의 전용률이 높을수록 좋지 않을까? 단순히 보면 전용면적을 넓게 쓸 수 있으니 좋은 조건이긴 하지만 이는 반대로 공용면적 및 기타 공용면적이 작아짐을 의미한다. 상가는 공용의 공간이 어떻게 구성되는지도 임대에 중요한 영향을 미친다. 예컨대 주차장이 널찍해 주차하기 편리하거나, 엘리베이터 시설이 잘 갖춰진 경우 방문하는 손님이 더 늘 수 있는 것이다. 따라서 상가의 경우 전용률의 높고 낮음이 투자 가치를 판단하는 기준이 될 수는 없다.

전용률이 가장 높은 상가 유형은 단지 내 상가인데, 층수가 대체적으로 낮고 주차장 등을 이용하는 방문객이 적기 때문에 공용면적이 차지하는 비율이 다른 상가보다 상대적으로 낮아 전용률이 높은 것이다. 따라서 내부 고객을 타깃으로 삼는 상가라면 전용률이 높은 곳이 좋고, 외부 고객의 유입이 중요한 상가라면 무조건 전용률이 높은 것보다는 적절한 전용률의 상가가 투자 가치가 높다. 결론적으로 상가 및 입지 특성에 맞는 적정한 전용률로 구성됐는지 여부를 확인해야 한다.

알짜 부동산은
내가 다니는 길에 있다

　상가 투자에 이제 막 관심을 갖기 시작한 분들의 단골 질문 중 하나는 "어느 지역 물건에 관심을 갖는 것이 좋을까요?"이다. 정부에서 개발 및 교통, 편의시설 및 학군 호재 등을 발표할 때마다 하루는 여기, 다음 날은 저기가 좋은 것 같다. 그러다보니 모든 부동산이 좋아 보여 도대체 어디에 투자를 해야 할지 갈피를 못 잡는 사람이 많다. 좋은 상가의 매력은 안정적인 임대 수익과 매각 차익이다. 두 마리 토끼를 잡으려면 명확한 투자 목적과 자금 계획을 바탕으로 좋은 상권과 물건을 고를 수 있는 안목을 길러야 한다.

　그렇다면 좋은 상권을 고르려면 어떻게 해야 할까? 부동산 투자의 실패는 잘 알지 못하는 곳에 섣불리 들어갔을 때 생기는 경우가 많다. 그런 의미에서 투자자가 제일 잘 알고 있는 상권이 좋은 상권이다. 거주하거나 근무하는 지역의 경우, 늘 오가며 어떤 건물이 임대가 잘되고 잘 안 되는지, 건물을 리모델링할 경우 가치 상승의 여지가 있는지 등 알게 모르게 이미 상권 분석이 되어 있어 투자 성공의 확률이 높다. 가치를 따져 멀리 보고 부동산을 살 때는 한두 군데 잘 아는 지역에 집중하는 게 좋고, 꾸준한 임장을 통해 실력을 키우는 게 좋다. 아무리 유능한 전문가가 지역을 추천해줘도 본인이 체감하지 못하면 투자에 대한 확신이 서지 않기 때문이다.

상권을 좀 더 꼼꼼히 분석하기 위해서는 공식적인 데이터를 근거로 해야 한다. 이를 위해 공시지가와 감정평가금액을 알아야 한다. 이는 대출에 절대적인 영향을 주기 때문이다. 결국 공시지가와 감정평가금액이 높을수록 대출 비율이 높아지고, 이는 상권이 완숙기에 이르렀다는 증거다. 반면, 땅값 상승이 이어질 가능성은 낮을 것으로 판단해야 한다.

항상 준비된 자만이
좋은 급매물을 살 수 있다

　뉴욕 메트로폴리탄 오페라 극장에서 테너 프랑코 코렐리가 갑작스러운 병으로 공연을 취소하자, 당시 27세의 무명 테너가 대역을 맡았다. 그가 바로 세계 3대 테너로 칭송받고 있는 플라시도 도밍고다. 루치아노 파바로티 역시 영국 로열 오페라하우스에서 주세페 디 스테파노가 '라 보엠' 첫날 공연 직후 갑작스럽게 출연을 취소하자 남은 공연을 맡게 되면서 자신의 이름을 널리 알리게 되었다. 이렇듯 갑작스런 상황으로 대타가 새로운 스타로 뜬 경우가 종종 있었는데, 이는 앞으로도 얼마든지 발생할 수 있는 일이다. 그러나 준비된 사람이 아니라면 대신 연주하거나 지휘를 할 수 있는 기회조차 얻지 못한다. 성공은 준비된 자의 것이다.

이탈리아 토리노박물관에는 기회의 신 카이로스의 조각상이 있다고 한다. 앞머리에는 머리카락이 풍성하게 몰려 있고, 뒤통수에는 머리카락이 한 올도 없는데, 기회는 주어졌을 때 빨리 붙잡으라는 의미로 해석되곤 한다. 즉, 앞머리는 현재 붙잡을 수 있는 기회, 뒷머리는 붙잡을 수 없는 지나가버린 기회로 풀이할 수 있다.

준비된 자가 기회를 잡는다

부동산도 마찬가지로 준비된 자가 기회를 잡는다. 부동산으로 돈 버는 방식은 하나다. '싸게 사든지, 비싸게 팔든지'다. 비싸게 팔려면 시세가 올라야 하는데, 이를 위해서는 리모델링 등을 통해 건물 가치를 높이거나 상권이 확장될 곳을 선점해 있다가 오른 시세를 누리는 방법이 있다. 어쨌든, 비싸게 팔려면 뭔가 전문가적 작업을 해야 하거나 운에 맡기는 수밖에 없다. 따라서 비싸게 파는 것보다 먼저 싸게 사는 게 급선무다.

좋은 물건을 싸게 사려면 어떻게 해야 할까? 하늘에서 감이 떨어지기만을 기다리지 말고 물건을 찾아 나서야 한다. 평소 관심 있는 투자 지역을 주의 깊게 살펴보고 해당 지역의 중개업소 몇 곳을 단골로 만들어 좋은 급매물이 나왔을 때 가장 먼저 연락받을 수 있도록 하면 좋다. 무엇보다 미리 자금계획 등을 세워 좋은 급매물이 나왔을 때 바로 구매할 수 있도록 항상 준비해두는 것이 중요하다.

위기를 기회로! 13억 원 건물이 90억 원이 되다

내 강의를 듣는 회원분이 소유하고 있는 건물(지하 1층, 지상 3층)은 IMF 당시 13억 원에 구입한 것이 20여 년이 지난 현재 90억 원에 육박하는 가격으로 상승했다. 착실히 월급을 받아 20년 동안 무려 70억 원이 넘는 돈을 벌 수 있는 직업이 어디 있을까? 이게 바로 부동산의 매력이다. 그러기 위해서는 현금이 준비돼 있어야 한다. 아무리 좋은 매물이 나온다한들 살 능력이 없으면 '그림의 떡'에 불과하기 때문이다.

IMF 당시 약 13억 원에서 현재 90억 원으로 상승한 건물

에필로그

사람을 살린 일을 계기로
시작한 부동산 강의

　나는 상권을 분석 하는 게 좋았다. 내 첫 상가를 구입한 후에도 꾸준히 인근 상권을 분석하기 시작했고, 점차 행동반경을 넓혀 전국으로 돌아다니곤 했다. 그렇게 전국을 돌아다닌 지 10여 년이 흘렀다. 36만km 이상 차량으로 돌아다녔고, 도보나 대중교통을 이용한 거리도 상당하다. 앉아서 어느 도시의 상권이 어떤지 알 수 있을 정도가 되었다. 물론 상권의 흐름은 수시로 변할 수 있어 주기적으로 재방문하는 일도 잊지 않고 있다.

　혼자 돌아다니기를 좋아하는 성격 탓에 카페나 밴드 활동은 거의

하지 않았다. 2013년까지는 원래 잘 알고 지내던 지인들하고만 한 번씩 모임을 가졌을 뿐, 공개적으로는 활동하지 않았다. 혼자서도 살아가는 데 불편이 없었을 뿐더러 내가 발로 뛰면서 어렵게 터득한 상가 노하우를 풀기도 싫었다. 그러던 2014년 3월의 어느 날, 지인의 전화를 받았다. 통화 내용인 즉, 지인의 친구가 원룸 건물을 사서 마음 고생이 심하다는 이야기였다. '죽고 싶다'는 말이 나올 정도로 상황이 심각하다는 말에 나는 서둘러 그 여성분을 만나봤다. 커피숍에서 나를 만난 중년의 여성분은 원룸을 사게 된 시점부터 화려했던 그 시절 이야기를 한동안 이어나갔다. 들어본 즉, 원룸 건물을 매입할 때 투자금이 많이 들지 않았다고 했다. 10억 원의 건물에 6억 원의 대출이 있었고, 임차인의 보증금의 합이 3억 5,000만 원으로 대출금과 보증금을 모두 인수하는 조건으로 5,000만 원만 있으면 원룸 건물을 살 수 있었다. 다달이 대출이자는 나가지만 월세에서 나오는 임대료로 대출이자를 갚고도 한 달에 200만 원씩 남는 구조였다. 5,000만 원 투자해서 월 200만 원을 버는 수익률이니 '이보다 좋은 투자처가 세상에 어디 있겠는가' 하는 마음에 우쭐했다고 한다.

살 때는 좋았지만, 팔 때가 문제

그러다 얼마 지나지 않아 문제가 터지기 시작했다. 계약이 만료된 임차인이 하나둘 원룸을 나가기 시작한 것이다. 보증금을 마련해 돌려줘야 하는데, 문제는 새로 들어오는 임차인의 보증금은 기존 임차인 보증금의 반도 안 되는 가격에 형성되어 있다는 점이었다. 그마저도 얼마 전부터 대폭 늘어난 원룸 물량에 주변에서도 공실이 늘고 있었고, 설상가상으로 도시의 산업기반이 침체기에 들어서면서 임차인 구하기가 쉽지 않았다. 원룸을 팔려고 주변 중개업소에 내놨지만 몇 달이 지나도록 보러 오는 이 하나 없었다. 속이 바짝바짝 타들어가 신통하다는 점술집을 찾아 점도 쳐보고, 빨리 팔리도록 돈을 끌어다 바치고 기도도 했다. 그럼에도 원룸이 팔릴 기미가 보이지 않자 급기야 '죽고 싶다'는 마음까지 들었다고 여성은 말했다.

살 때는 쉬웠지만, 갖고 있기가 영 버거워진 원룸 건물을 어떻게든 해결해야 했다. 나는 중년 여성과 함께 문제의 원룸 건물을 찾았다. 듣던 대로 역시 주변에 원룸 물량이 많았고, 임대 시세가 많이 떨어져 있었다. '어떻게 하면 손해를 보지 않고 빨리 원룸 건물을 팔 수 있을까' 하는 고민이 이어졌다. 나는 주변 중개업소뿐만 아니라 꽤 거리가 있는 중개업소까지 두루 찾아다니면서 해결책을 제시했다. 그러자 오랫동안 안 팔려서 애를 먹던 물건이 불과 일주일도 안 돼 팔렸다는 기쁜 소식이 전해져왔다.

'길목 부동산 연구소' 카페를 오픈하다

여성분은 내게 연신 감사하다는 말을 전하며 본인이 활동하던 인터넷의 부동산 카페에 나를 소개시켜줬다. 이를 계기로 카페에서 활동을 하며 자연스럽게 회원들을 만날 기회가 생겼고, 시간이 흘러 회원들의 요청에 의해 2015년 초 '길목 부동산 연구소' 카페를 공개 오픈하게 되었다. 원래 내 카페는 2007년에 개설한 적이 있으나 거의 혼자 조용히 활동하던 카페였다. 그러던 것이 2015년부터는 외부 회원을 본격적으로 받아 지금은 회원수가 9,000명을 넘어섰다. 이 카페는 어떠한 이익을 취하기보다는 순수하게 좋은 분들과 같이 부동산 이야기를 나누고 다 같이 성공하면 좋겠다는 취지로 만든 것이다. 여러분들도 카페에 방문하면 다양한 부동산 정보를 얻을 수 있을 것이다. 다만 '구슬이 서 말이라도 꿰어야 보배다'라는 말이 있듯, 정보를 얻는 데서 그치지 말고 꾸준히 실천해서 여러분도 부동산으로 부자가 되길 바란다.

그동안 나는 대학교 평생교육원, 기업체, 인터넷카페, 밴드, 학원,

구청, 소모임 등 다양한 곳에서 전국의 상권을 분석하는 강의를 해왔다. 전국적으로 강의 요청이 있어 많은 자료를 준비하게 되었고, 현재 약 23,000페이지 이상의 전국 상권 분석 자료를 토대로 강의를 진행하고 있다. 현장수업도 다수 진행하고 있는데, 강의실에서 느낄 수 없는 생생한 현장 노하우를 수강생들에게 전달하고 있다. 기회가 되면 내 강의와 현장수업에 참여해보는 것도 추천한다. 어디서도 들을 수 없는 알찬 상가 정보를 얻을 수 있다고 자부한다. 수강생들을 상대로 상가를 팔려고 하는 일부 부도덕한 강사도 없지 않지만, 나는 철저히 발로 뛰고 현장에서 배운 노하우만을 전하는 강의라고 자부하니 믿고 오시길 바란다. 아는 만큼 돈이 되는, 상가 보는 눈이 생길 것이다.

REAL ESTATE INVESTMENT

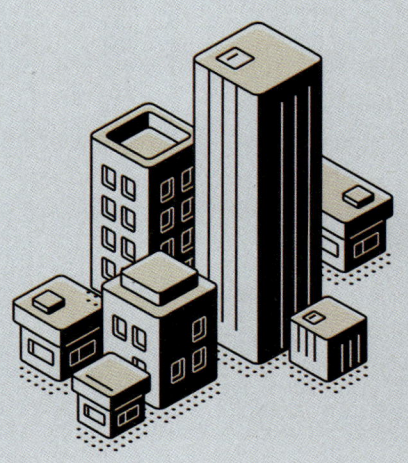

상가 부동산 전문가 길목이 알려주는
내 생애 짜릿한 대박 상가 투자법

제1판 1쇄 2020년 3월 25일
제1판 8쇄 2022년 7월 15일

지은이 길목(김세호)
펴낸이 서정희 **펴낸곳** 매경출판㈜
기획제작 ㈜두드림미디어
책임편집 우민정 **디자인** 얼앤똘비악 earl_tolbiac@naver.com
마케팅 김익겸, 장하라

매경출판㈜
등록 2003년 4월 24일(No. 2-3759)
주소 (04557) 서울시 중구 충무로 2(필동1가) 매일경제 별관 2층 매경출판㈜
전화 02)333-3577
이메일 dodreamedia@naver.com
인쇄·제본 ㈜M-print 031)8071-0961
ISBN 979-11-6484-097-7 (03320)

책 내용에 관한 궁금증은 표지 앞날개에 있는 저자의 이메일이나
저자의 각종 SNS 연락처로 문의해주시길 바랍니다.

책값은 뒤표지에 있습니다.
파본은 구입하신 서점에서 교환해드립니다.

이 도서의 국립중앙도서관 출판예정도서목록(CIP)은 서지정보유통지원시스템 홈페이지(http://seoji.nl.go.kr)와
국가자료공동목록시스템(http://www.nl.go.kr/kolisnet)에서 이용하실 수 있습니다.
(CIP제어번호: CIP2020010373)

부동산 도서 목록

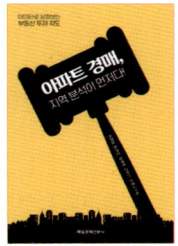

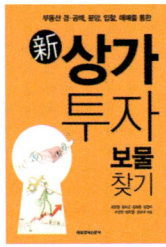   

https://cafe.naver.com/dodreamedia

㈜두드림미디어 카페(https://cafe.naver.com/dodreamedia)에 가입하시면 도서 1권을 보내드립니다.